미친 결혼을
해버렸다

나는 미친 결혼을 해버렸다

초판 1쇄 발행 2016년 4월 15일

지은이 김성은
펴낸이 이지은 **펴낸곳** 팜파스
기획편집 박선희
디자인 조성미 **마케팅** 정우룡
인쇄 (주)미광원색사

출판등록 2002년 12월 30일 제 10-2536호
주소 서울특별시 마포구 어울마당로5길 18 팜파스빌딩 2층
대표전화 02-335-3681 **팩스** 02-335-3743
홈페이지 www.pampasbook.com | blog.naver.com/pampasbook
이메일 pampas@pampasbook.com

값 13,000원
ISBN 979-11-7026-081-3 (03180)

이 도서의 국립중앙도서관 출판시도서목록(CIP)은 서지정보유통지원시스템 홈페이지
(http://seoji.nl.go.kr)와 국가자료공동목록시스템(http://www.nl.go.kr/kolisnet)에서
이용하실 수 있습니다.(CIP제어번호: CIP2016007431)

나는
미친결혼을
해버렸다

김성은 지음

팜파스

부부 관계 속에서 '나'를 발견하다

사람은 태어나면서부터 다양한 역할을 부여받습니다. 성장하면서 그 역할들이 늘어납니다. 자녀라는 이름으로 살다가 부부가 되며, 부모라는 이름을 갖습니다. 여전히 누구의 자녀이면서, 또 부모이기도 합니다. 살면서 주어지는 이름은 곧 역할이 됩니다. 역할이 주는 권리도 있지만, 그에 못지않은 부담감과 버거움이 공존합니다.

상담소에 찾아오는 사람들은 자신에게 주어진 다양한 역할(부모, 아내, 남편, 며느리, 사위, 자녀 등)과 갈등에 대한 버거움을 털어놓습니다. 처음엔 자녀를 키우는 부모 역할을 도움 받기 위해 상담이 시작되었지만, 제대로 된 부모 역할을 다루는 과정 속에 항상 마지막 상담의 종착지는 부부 역할이 포함됩니다. 많은 사람들이 부모라는 이름으로 상담을 하러 왔는데, 부부 역할까지 다루는 것에 대해 처음엔 어색해 합니다. 많은 어른들이 당면 과제인 부모로서는 열심히 살려 해도, 부부로 열심히 살려는 것은 덜 중요한 것으로 여기기 때문입니다. 뿐만 아니라 부모와 부부 역할을 완전히 별개인 것처럼 여기기 때문이기도 합니다. 하지만 결국 부부를 다루는 것이 가족 전체의 행복을 말하는 것임을 나중엔 알게 됩니다.

부부 역시 누군가의 자녀였고, 이 관계를 바탕으로 부부 관계를 엮어가기 때문에 그 과정에서 부모-자식 관계에 대한 통찰도 살필 수 있습니다. 우리 결혼 문화에서는 이 부모 자식 관계의 고리가 매우 큰 영향력을 끼칩니다. 그렇기에 부부를 중심으로 꾸려진 가족 안에서, 살펴보는 많은 관계들이 지금의 갈등에 답을 줄 수 있습니다. 그것은 곧 나 자신을 살펴보는 과정이고, 나도 몰랐던 자신을 발견하는 과정이기도 합니다. 한 사람에게 주어진 다양한 역할을 통합해 포괄적으로 한 사람을 살펴볼 수 있는 통찰이 됩니다.

이 책의 대 전제는 가족 내의 가장 가까운 관계는 부부이며, 이것은 부모 자식 관계를 넘어선다는 것입니다. 부부 관계가 가정의 축입니다. 많은 부부들이 갈등 앞에서 가장 중요한 서로와의 관계를 잊고 다른 이유들을 내세웁니다. 이 대전제가 깨지면서 갈등은 일어납니다. 이 책에서는 그 갈등의 모양새가 어떤지, 어떤 내용인지, 왜 갈등하게 되는지, 이것을 해결할 방안은 무엇인지를 살펴보려고 합니다. 그럼으로써 갈등을 두려워하지 않고, 위기가 아닌 기회로 보게 된다면 부부 관계 앞에 놓인 수많은 장애물들을 하나하나 넘어설 수 있을 것입니다.

이 책에서 제일 중요하게 여기는 것은 갈등의 원인입니다. 현상적인 원인만이 아닌 우리에게 내재된 본능적인 욕구가 작동하는 점을 이야기하려고 합니다. 충족되지 못한 본능적인 욕구들로 인해 관계는 요동칩니다. 이 본능적인 욕구가 언제부터 자리 잡았는지, 어른이 된 지금 내게 어떤 영향을 끼치는지를 살펴봅니다. 그 과정에서 어린 시절의 부모 관계도 살피고, 성장하면서 결핍된 관계에 대한 사랑의 색깔도 살핍니다. 그것은 때로는 내게 위안이 되기도 하고, 이해 못할 내 행동에 대한 변명도 되어 줄 것이며, 어쩌면 오히려 아픔을 느낄지도 모르겠습니다. 그러나 이 책을 통해 아픔을 느낀다면, 그것은 감히 성장통이라 말할 수 있을 것입니다. 갈등을 넘어서고 관계를 회복하기에 꼭 겪어야 할 과정이라면, 아픔도 필요하기 때문입니다.

이 세상에서 누구보다 소중한 사람은 바로 '나'입니다. 그런데 자칫 소중한 나만을 지키려다 성급하게 배우자와의 관계가 바뀌길 원하게 됩니다. 성급한 방법을 찾게 되고 잘 안 되면, 쉽게 좌절하게 됩니다. 이제 부부 관계 속에 있는 **나**를 바라볼 수 있길 바랍니다. 소중한 사람으로 서로를 바라보게 되는 순간, 관계는 달라질 것입니다.

Contents

부부의 갈등은
여러 얼굴을 하고 온다
Chapter 01
싸움의 양상으로 보는 부부 갈등 진단서

결혼은
정말 미친 짓일까?

Chapter 02

상담실에서 가장 많이 드러나는 부부 싸움의 이유

서로에게 기대고 싶을 뿐인데,
왜 그게 힘들까?
Chapter 03
의존성, 부부를 옭아매거나 화해하게 하는 욕구의 심리학

부부, 소모적인 힘겨루기는
도대체 왜 할까?
Chapter 04
주도성, 힘을 차지하기 위해 돌진하는 부부의 욕구 충돌

당신과 함께
다시 행복해지고 싶다
Chapter 05

변화는 지금부터, 부부 사이를 통하게 만드는 행동들

Chapter 01

부부의 갈등은

여러 얼굴을 하고 온다

싸움의 양상으로 보는
부부 갈등 진단서

달콤한 결혼생활을 꿈꿨는데
현실은 전쟁터?

"오늘은 정말 마음 정리했습니다. 저 이 남자랑은 여기까진가 봐요."

한순간의 폭격이 지나간 듯 집안은 고요하다. 한참 전에 나간 남편이 얼마나 문을 세게 쿵 닫고 나갔는지 반동으로 현관문이 열려 있는 걸 이제야 발견했다. 헛웃음이 나 현관문을 닫고 나니, 그제야 아이 생각이 난다. 아이 방으로 가보니 잠든 아이 눈가에는 눈물이 맺혀 있다. 아이의 머리칼을 쓸어 넘겨주고 나니, 미안함과 서러움이 동시에 몰려와 목이 메인다.

누구에게도 내 속을 털어놓을 곳이 없다. 누군가에게 이 마음을 털어놓고 싶어 휴대폰을 찾아보지만, 휴대폰은 어디에 집어던졌는지 보이지도 않는다. 결국 아무도 나를 모르는 인터넷 공간에다 익명으로 내 속마음을 털어놓는다. 마지막. 진심으로 마지막이라고 생각하고 나니 타자를 치는 손끝이 떨려 온다. 하지만 진심이다. 이제 더 이상 남편과의 싸움을 되풀이할 자신이 없다. 아이를 생각해 참으려 했지만 우리 부부의 싸움은 이제 일상이 된 지 오래다. 온몸이 떨리는 감정의 소모로 하루를 보낼 여력이 없다. 결혼 후 5년. 이제 아이를 위해서라는 핑계도 못 대겠다.

달콤한 결혼생활을 꿈꾸며 만난 사람과 죽네 마네 싸우고 나면 이런 생각이 듭니다. 이 사람은 나랑 싸우려고 결혼했나? 어쩌면 이렇게 하나에서 열까지 나와 맞지 않고, 나에게 지지 않으려 날을 세우는지 치가 떨립니다. '이럴 줄 알았으면 이 사람과 결혼을 하지 않았을 거다'라는 맘이 공공연히 듭니다. 사랑은커녕 서로 못 잡아먹어 안달난 관계가 너무도 힘겨워 그만 마침표를 찍으려는 부부가 늘고 있습니다. 사회적 현상이 되어 버린 늘그막의 황혼 이혼. '신혼 이혼'이라는 신조어를 만들어낸 결혼 후 5년 미만 부부. 자녀가 없는 경우는 더 가뿐한 마음으로 돌싱을 선언하기도 합니다. 오죽하면 꼬돌남(꼬시고 싶은 돌싱남)이라는 말까지 새로이 나왔을까요. 그만큼 이혼하는 부부들이 많아지고 있습니다. 부부 싸움 후, 몸과 마음 가득히 분노의 감정으로 떨다 가까스로 가라앉히면 불현듯 이런 생각이 듭니다. 그래도 사랑해서 만난 사람인데, 이렇게 다투다 헤어지려고 만난 사람이 아닌데…. 하루 이틀도 아니고 왜 이렇게 우리는 싸움을 되풀이할까? 마치 싸우려고 태어난 커플처럼.

이 세상에 싸우지 않는 부부가 어디 있겠냐마는, 이 부부 싸움이 서로의 마음에 깊은 생채기를 내는 것만은 피할 수 없는 사실입니다. 다른 대인관계 갈등보다 부부 싸움의 이 생채기는 뿌리 깊은 불안과 자기 상실감을 가져옵니다. 부부의 관계만이 아니라 내가 소중하게 꾸린 가정이 무너지고 있고, 어쩌면 이대로 주저앉아버릴지도 모른다는 불안감을 주지요. 이렇게 실패에 대한 불안감을 대면하고 나서야 부부 사이에 필요한 노력이 많다는 것을 알게 되고, 또 배우자에 대한 생각도 달라지게 됩니다. 결혼을 선택하고 달콤한 웨딩마치를 올릴 때만 해도 생각지 못한 부분들이 갈등 후에 깨달아지는 것이지요. 행복이 그냥 날 기다리고 있는 것이 아니라는 것을….

부부는, 다른 관계와는 다른 특별한 관계입니다. 피 한 방울 섞이지 않으면서 '가족'이란 혈연 관계를 지탱하는 기둥이 바로 부부입니다. 사회 문화적으로 나의 감정과 몸을 교류해야만 한다는 것은 절대적 가치로 배워 온 사이이고, 세상에 하나뿐인 생물학적 분신인 '우리 아이'를 잉태하는 관계입니다. 남편도 아내도 상당 부분 가정이라는 상황에서 자신의 자존감을 확인하게 됩니다. 때문에 부부의 갈등은 가정의 흔들림과 균열로 이어지고, '우리가 뭔가 잘못되고 있다'는 느낌을 받게 합니다. 그렇기에 부부의 갈등은 다른 갈등보다 더 뼈아프고, 더 치명적입니다.

부부 갈등 후, 아무렇지 않아 보이는 부부일지라도, 마음 한구석에 남모를 상처가 존재합니다. 그런데 이토록 특별한 인간관계인데도, 정작 다른 관계에 비해 소홀해지기가 쉬운 것이 또 부부이지요. 사실, 사람 사는 곳에 갈등이 없을 수 없고, 친밀한 관계를 전제로 하는 곳에는 더더욱 남 앞에 말 못할 은밀한 갈등이 자리합니다. 부부 각자도 이러한 사실을 잘 알고 있더라도 말이지요. 배우자를 보면 또다시 참지 못하고 싸우게 됩니다. 기대가 더욱 크기 때문일까요? 참 아이러니하게도 더 잘 지냈으면 하는 바람이 클수록, 부부는 친밀한 관계가 필수적이라 생각하는 맘이 클수록, 갈등의 크기가 커집니다. 대놓고 불같이 싸우는 상황이 아니라 해도 불편한 관계를 서로 인지하면서 모르는 척 지내는 경우도 많이 있구요. 총성 없는 전쟁터 같은 집안의 분위기에 부부는 남보다 더 거리감을 느끼게 되는 것이지요. 그러한 불편한 감정들은 매우 수시로 찾아오고, 또 다양한 감정의 색깔들이 자리하기 때문에 하나하나 꺼내 설명하기도 힘듭니다.

행복의 큰 조건과도 같았던 '결혼.' 내 인생의 그런 큰 선택을 하게 한 배우자. 그 사람과의 관계 문제에는 진정 해결 방법이 없는 것일까요?

많은 사람들의 축복 속에 결혼을 하고 단란한 가정을 꾸렸다는 것만으로도 부부의 갈등은 흔한 사랑 싸움으로 치환되는 일도 많습니다.(신혼 초일수록 그렇지요.) 사소한 오해도 많겠지만, 부부의 갈등에는 부부만의 문제가 아닌 다른 다양한 이유들도 존재합니다. 그렇기에 부부 갈등을 잘 이해하고 해결해 나가면 인생의 반려자로 더 없이 긴밀한 관계를 새로이 구축할 수도 있습니다. 갈등은 위기이자 기회이기도 한 것이지요.

하지만 아무리 사소한 갈등이라도 하나둘 쌓이게 되면 감정의 골이 깊어지게 됩니다. 내 감정을 쥐고 흔드는 것이 무엇인지 찬찬히 들여다보지 않으면 폭발하거나 소진해 관계를 놓아버리는 결말도 가져올 수 있습니다. 배우자의 손을 잡고 행복의 큰 관문을 넘어섰을 때 누구도 내 삶에 파경이 있으리라고 예상하는 사람은 없을 것입니다. 하지만 현실에서는 그런 일들이 많아지고 있지요. 관계의 마침표를 찍기까지에도 부부 갈등이라는 피 말리는 여정이 있습니다. 그리고 막힌 관계를 뚫는 느낌표 역시 그 부부 갈등에 있습니다.

이제부터 그 부부의 갈등을 한번 내밀하게 살펴보려 합니다. 그냥 단순하게 '우린 잘 안 맞아, 성격 차이가 커…'라는 식으로만 단정 짓기엔 복잡한 뭔가가 존재하지요. 이런 의미에서 싸우는 상대방과 싸움의 양상과 원인을 차근차근 들여다봐야 할 필요성이 있습니다. 분명한 것은 지금 못 잡아먹어 안달인 이 사람이, 내가 사랑해서 직접 그 손을 잡고 '결혼'이란 인생의 문턱을 함께 넘은 사람이라는 사실입니다. 갈등으로 가려져 잊고 있었던 '그 감정'을 찾아 회복할 시기가 '지금' 아닐까요?

도대체 내 말을
듣지 않아!

남들 눈에는 심각해 보이지 않는 일이 나에게는 세상을 흔드는 사건이 될 수 있습니다. 옆에서 보기에는 작은 사랑 싸움이 당사자에게는 관계를 뒤흔들, 커다란 불신감을 주는 갈등일 수 있지요. 똑같은 사안이어도 똑같이 싸우는 경우는 많지 않는 법입니다. 그렇기에 부부 갈등을 남의 조언만 듣고 해결하려 들면, 내 상황과는 잘 맞지 않는 경우가 허다합니다. "그렇게 싸우면 안 된다" "뭘 그걸 가지고 싸우냐"라는 말도 별 도움이 안 되지요. 부부 간의 일은 아무도 모른다는 말이 괜히 나온 것이 아닙니다. 그만큼 부부 관계는 각각 특색이 있고, 다른 요인들이 많습니다. 그렇기에 중요한 것은 갈등이 있다는 것을 함께 인지하고, '우리의 갈등'임을 피하지 않고 함께 들여다봐야 하는 것이지요.

하지만 현실에서 부부가 이런 노력을 하는 경우는 많지 않습니다. 상담실에 오는 사람들은 주로 배우자 중 한쪽이고, 남은 한쪽은 문제를 잘 인지하지 못하거나 불편함이 있더라도 굳이 다른 사람의 도움을 받아야 된다고 생각하지 못하는 경우가 태반이지요.

진수 씨는 처음부터 단추가 잘못 끼어졌다고 생각한다. 느낌이 이상하다는 건 결혼식을 준비하면서였다. 혼수를 준비하는 아내에게 진수 씨가 '집안 어른이 몇 분'이라고 귀띔 했는데도 부인은 그저 시부모님의 예복만 마련했다. 금전적으로 계획했던 것과 맞지 않다는 의논만이라도 있었어도 괜찮았을 텐데, 아내의 지론은 항상 '요즘은 다 그렇게 한다.'이다. 청첩장을 나눠주는 규모, 예식장을 정하는 것, 신혼여행까지. 아내는 마치 합리적인 결정을 한다는 식으로 '요즘 방식'을 운운하며 진수 씨의 의견을 듣지 않았다. 불길한 느낌은 신혼여행 후 집들이, 친척 인사 등 집안의 행사를 정하는 족족 터져 나왔다. '요즘 누가 집들이를 하냐, 밖에서 간단히 외식하고 말지.' '시부모님까지 인사드리면 됐지. 뭐 하러 친척 순례를 다니냐. 요새는 안 그런다.' 아내의 '요즘 방식' 출처를 알 길이 없는 진수 씨는 불만이 쌓이지만 이것을 어떻게 해결할지 도무지 모를 일이다. 아내에 맞추자니 집안 어른들이 뭐라 하고 어른들 맞추자니 아내와 싸워야만 하고…. 진수 씨는 아내의 이런 일방통행식 행보에 언제까지 참을 수 있을지… 부글부글 속을 끓이고 있을 뿐이다.

하루 종일 아무 일도 손에 잡히질 않는다. 화도 나고 자괴감도 든다. 건강이 좋지 않은 남편이 골다공증 진단을 받아 선영 씨는 걱정이 이만저만이 아니었다. 사골국도 매일 끓이고, 칼슘제도 사다 놓고, 담배도 끊으라고 하루 열두 번도 더 이야기를 늘어놓았다. 지극 정성으로 남편을 보하면 건강이 회복될 줄 알았다. 그런데도 남편은 선영 씨의 이야기를 귓등으로 듣는지 담배도 여전히 피우고, 칼슘제도 먹는 둥 마는 둥이다. 하도 제멋대로 하기에 선영 씨도 속상한 마음에 "알아서 해!"라고 말하고 신경 안 썼다. 아니 안 쓰는 척했다. 그런데 어느 날 아침, 남편이 못 보던 영양제를 먹고 있는 것이 아닌가? 은근슬쩍 물어보니 사무실 여직원이 추천해준 영양제란다. 칼슘이 많은 영양제라고. 선영 씨는 헛웃음이 났다. 자신이 챙겨준 칼슘제는 안 먹고, 사무실 여직원이 추천한 영양제는 챙겨 먹는 남편이 너무도 야속했다.

"지난 5년간 난 벽에다 대고 이야기한 것 같아요."

상담실에서 많은 부부들이 아내가, 남편이 서로 '내 이야기를 안 듣는다'고 하소연들을 합니다. 불통. 벽창호. 심지어 배우자가 내 말만 빼고 다 듣는다고 호소하지요. 도무지 상담소에 같이 오려 하지 않는다며 홀로 상담실에 앉아 울먹이는 아내. 내가 잘못된 게 맞냐며 벌게진 얼굴로 홀로 와 앉아 성내는 남편. 어느 쪽도 다 마찬가지입니다. 배우자가 꿈쩍도 하지 않아서 마치 벽에다 대고 이야기하는 것 같다고 하소연하지요. 한 침대에 누워 자는 사이지만, 부부의 소통 길은 너무 멀기만 합니다.

일반적으로는, 문제를 해결하는 데 가장 중요한 핵심은 '문제를 제대로 정의하는 것'입니다. 서로 문제라 여기는 영역과 상태가 같은지를 확인해야 하는 것이지요. 그러나 문제를 제대로 정의하는 것만으로는 부족합니다. 그 후 중요해지는 부분은 바로 '정의된 문제'를 부부가 동의하는 것입니다. 보통은 문제를 바로 인식하면 상당 부분 해결 가능성이 있습니다만, 부부 관계는 꼭 그렇지만도 않습니다. 한쪽만 화를 내고 불만을 표현하는 것이 한쪽은 문제 상황을 제대로 인지하고 있는 것이고, 표현하지 않는 쪽은 문제라 여기지 않아서일까요? 문제를 서로 다르게 정의하고 있는 것, 이것이 바로 '불통'을 야기하는 것이죠.

아마도 진수 씨는 아내의 스타일이 '자기중심적'인 것을 연애 때도 알았을 것입니다. 다만 그때는 '부부'가 아니었기에 큰 문제가 되지 않았던 것이지요. 흔히들 결혼을 '집안과 집안끼리의 만남'이라고도 말합니다. 단 둘이었을 때는 별로 걸리지 않았던 문제들이 결혼 후 불거지는 것은 이제 내가 '내 집안의 대표'란 생각이 작용하기 때문입니다. 진수 씨는 이런 마음으로 결혼생활을 하고 있는데, 아내 분은 여전히 결혼 전 '나'로서 살았을 때의 모습으로 생활하고 있어 부딪힘이 생기는 것이지요. 독립적인 성향의 아내는 진수 씨에게 '구시대적이다. 너무 예민한 것 아니냐'고 대응했습니다. 알게 모르게 자기 집안의 눈치를 받고 있는 진수 씨는 이런 아내가 너무 되바라진 것 같다는 생각을 새삼 하게 됩니다. 연애 때는 전혀 그렇게 생각하지 않았었는데요. 두 사람 다 결혼 후 '부부'가 되고 나서 달라진 관계를 구축해나가는 데 적극적이지 않은 모습입니다. 서로 자기에게 맞추기만 기다릴 뿐이죠.

선영 씨의 속상한 마음은 너무도 공감할 만합니다. 남편에 대한 애정이 클수록 그 속상함은 더할 것입니다. 하지만 남편의 속마음 역시 들어 볼 필요는 있습니다. 혹시 선영 씨의 걱정스런 챙김을 남편은 잔소리로 받아들이고 있지는 않을까요? 나도 다 알아서 할 수 있는데, 혹은 선영 씨의 챙김 스타일이 자신과 맞지 않다고 생각하고 있을지도 모릅니다. 상담실에서 부부들은 자신이 그려 온 불만 시나리오와 배우자의 속마음이 달라서 크게 놀라곤 합니다. 대체로 아내는 당부 어린 잔소리로 마음을 표현하지만, 남편은 그런 잔소리에 내성이 생겨, 아예 귀담아 듣지 않지요. 이런 남편은 남들 보기에 부드럽고 유순한 편입니다. 그래서 자신의 의견을 제대로 표현하지 못하거나 소극적으로 표현해, 아내 쪽에서 제대로 캐치하지 못하고 지나가기 쉽습니다. 선영 씨도 그런 경우는 아닌지 생각해볼 필요가 있습니다. 혹시 남편의 불통 속에 미약한 신호가 있지는 않았나요? '여기, 내 의견도 들어줘!'라는 신호 말입니다.

간혹 서로를 벽처럼 느끼는 부부들 중엔 한쪽은 감정적이고 한쪽은 이성적인 사람일 경우가 많습니다. 예컨대 부인이 '아이가 말을 안 들어서' 화를 내면 남편은 '아직 어린애인데 화낸다고 해결되냐.'라는 반응을 보이고, 감기가 들어 아파하면 '규칙적인 생활을 하지 않아서 그렇다'라든가 식의 FM적인 반응을 보이는 거지요. 감정적인 배우자는 내 맘을 어루만져주길 원하는데, 이성적인 반응이 오면, 차갑고 냉정하다는 느낌이 들면서 '소통이 안 된다'는 느낌을 확 받습니다. 그래서 기분 나빠 화를 내면 낼수록 상대방은 '워, 워~(흥분하지 말고 참아)' 식으로 반응하기 때문에 화낸 쪽의 속은 뒤집어지는 것이지요.

왜 부부 중 한쪽만 문제라고 여길까?

연인이었던 커플은 결혼 후 부부가 되며 좀 더 공동체적인 관계가 됩니다. 우리나라의 결혼 문화로 인해 부부는 시댁과 친정이라는 양쪽 집안의 일원으로 활동(?)도 해야 하고, 집안 분위기에 따라 다르겠지만 명절, 김장, 제사와 같은 집안의 행사가 치러질 때마다 일종의 역할을 맡게 되지요. 이러한 혈연 공동체의 소속감은 버겁기도 하고, 때로는 즐겁기도 합니다. 내가 결혼에 대해 어떤 기대감을 품었느냐에 따라 다르지요. 어떤 결혼생활을 바라고, 어떤 배우자상을 바랐느냐에 따라 또 다를 것입니다. 진수 씨는 공동체의 소속감을 호의적으로 받아들이는 편이었을 테고, 아내 분은 그 반대였을 겁니다. 선영 씨는 부부라는 일심 공동체에서 벗어나는 행동을 하는 남편을 이해하기 힘들었을 것이고, 남편은 선영 씨의 잔소리를 부부 간의 구속으로 받아들였을지 모릅니다.

각자가 그리는 결혼생활의 이상이 다르다 보니, 생활 속에서 문제로 느껴지는 상황도 다릅니다. 인정하기 싫더라도, 배우자는 내가 원하는 결혼생활과는 다른 생활을 그리고 있음을 알아야 합니다. 그렇게 되면 '불통'이란, 부부 갈등은 배우자의 잘못을 지적하고 설득하는 문제가 아닌, 어느 지점이 서로 다른지를 찾아보는 문제가 됩니다. 그러니 한쪽이라도 문제를 인지했을 경우, 다른 한쪽에게 문제에 대한 공유가 꼭 필요합니다. 나중에 더 심각한 갈등으로 치닫기 전에 서로의 속마음과 결혼 이상향을 알아볼 계기가 될 수 있기 때문입니다.

침묵은 싸움의
또 다른 방식

대화는 모든 인간관계의 매개입니다. 대화를 하다가 갈등이 풀어지기도 하고, 갈등이 더 커지기도 하고, 몰랐던 문제도 발견하기도 하지요. 부부 간의 문제도 대화를 어떻게 해나가냐에 따라 결과가 달라지는 경우가 많습니다. 단순히 대화 방식만 고치는 것만으로도 일말의 성과를 거둘 수도 있지요. 그렇기에 대화는 모든 관계의 성장에 전제라고도 할 수 있습니다. 이 대화가 줄어들거나, 실종된다면 관계는 어떻게 될까요? 어쩌면 대화 거부야말로 가장 강력한 싸움의 방식일지도 모릅니다.

싸움이 항상 고성과 거친 행동으로만 표현된다고 생각하는 사람들이 많습니다. 시끌벅적한 저 집에 비해 조용한 이 집은 매우 잘 살고 있는 것 같다고 여기지요. 하지만 어떤 사람들은 의외로 침묵이라는 것으로 분노를 표현하기도 합니다. 물론 침묵이 강력한 분노의 표현도 되고, 갈등을 가라앉히기 위한 냉각기도 표현하기 때문에 사람마다 침묵의 의미가 다릅니다. 그럼에도 불구하고, 갈등 앞에서 입을 다물어 버리고 시선을 거두어 버리는 것만으로 숨이 막힌다고 고백하는 이들이 많습니다. 어쩌면 조용하기만 한 이 집의 사정이 오히려 더 위험할 수 있습니다. 소리 없는 침묵이 상대로 하여금 나를 향한 완전한 거부처럼 느끼게 만들기 때문이지요.

부부의 갈등 앞에서 해결하기 쉽지 않은 케이스는 바로 입을 다물어 버리는 커플입니다. 주로 침묵은 금, 웅변은 은이라 배워온 사람들은 갈등이 생기면 침묵해버립니다. 혹은 느린 기질이나 내향적인 사람들은 싸움 앞에 표현보다는 침묵을 택합니다. 그것이 자신의 기질에 더 편하고 맞는 방식이기 때문이지요. 부부의 삶은 매일 부딪히는 일상이고, 아이가 생기면 부모로서의 역할도 커지기 때문에 침묵은 그리 좋은 해결책이 되지 못합니다. 부부의 침묵은 무거운 가정 분위기를 가져오고, 당면하는 삶의 문제에 소극적인 태도를 만들게 합니다.

우리 씨늬 마음이 무거운 기분을 지울 수가 없었다. 오늘도 남편은 별다른 말없이 출근을 했다. 시부모님의 간병인 비용 문제에 대해 형님네

28

가 주리 씨에게 의견을 물어왔다. 이러다 내일 주리 씨가 또 다시 이야기를 꺼내면 "당신이 알아서 해."라고만 이야기할 것이다. 남편은 아마도 주리 씨의 결정에 별다른 이견이 없을 것이다. 문제는 주리 씨 역시 이런 사안에 대해 적극적으로 의견을 내는 스타일이 아니란 데에 있다. 오늘부터 주리 씨의 고민도 늘어갈 것이다.

연애할 때는 말수 적은 커플이라 큰 갈등을 겪지 않았다. 종종 소통의 불편을 겪긴 했지만, 오히려 말수가 적어 '큰 싸움이 없어 좋겠다. 애들처럼 싸우지 않고 성숙한 커플이다'란 주변의 부러움을 사기도 했던 주리 씨다. 그런데 결혼을 하고 나니 상황이 달라졌다. 의논이 필요한 일이 꼭 생겼고, 종종 해결이 묘연한 일들이 일어났다. 평소에도 별로 말이 없지만, 의논할 과제가 생기면 남편은 더욱 입을 꾹 다물어 버렸다. 사실 주리 씨도 그러고 싶었다. 그러나 그렇게 하는 데도 한계가 있는 법이었다. 3년쯤 지나자 주리 씨는 남편에게 어떤 벽을 느끼게 되었다. 어느 날 문득 이런 생각도 들었다. 어쩌면 남편은 나한테 화가 나 있는 게 아닐까? 하지만 남편의 진심을 알 길이 없는 주리 씨의 마음은 나날이 무거워져가고 있다.

　말수가 적은 사람들은 기본적으로 '말은 필요하면 한다'의 생각을 가지고 있습니다. 바탕 자체가 적극적으로 '말을 해야 한다'는 필요성을 못 느끼고 있는 것이지요. 반면 기질적으로 말로 관계를 맺는 것을 좋아하는 사람들은 모든 것을 언어적으로 풀려고 합니다. 이런 기질의 사람들은 사소한 문제에도 상대방이 말을 하지 않고 침묵하면, 매우 답답해하며 심각하게 받아들입니다. 그리고 갈등을 풀기 위해 더욱 대화를 시도하지요. 반면 말수가 적은 사람은 갈등이 생기면, 관계를 위해 더욱 입을 다뭅니다. 관계가 나빠지면 굳이 말할 필요를 못 느껴 더 입을 닫습니다.

부부 싸움 중에 흔히 볼 수 있는 장면은, 아내는 끝까지 말로 해결하려 들고(마무리를 지으려 하고), 남편은 씩씩 대다 문 닫고 나가버리는 것입니다. 혼자서 자기 시간을 가져야만, 풀리는 사람들이기 때문입니다. 갈등이 생기면, 자기 공간을 찾아 가버립니다. 바깥이든, 방이든 말입니다. 이게 이 사람에겐 싸움의 방식입니다. 상대 배우자에겐 닭 쫓던 개, 지붕 쳐다보는 기분을 안겨 주지만 말이지요. 자기 시간을 갖는 사람들은 상대방이 보기엔 '잘 삐친다'고 여겨집니다. 혼자만의 시간을 갖지 못하면 감정 정리가 안 되기 때문이긴 한데 상대방을 전혀 고려하지 않은 행동이기도 하지요. 대개 돌아왔을 때 아내가 "왜 나갔냐"고 물으면 "그때 말해 봤자 아무 소용없고, 시간이 지나고 나서 대화해야 해결이 될 것 같다"고 남편이 대답하지요. 아내가 그런 남편의 반응에 더욱 화가 나 있다는 사실을 알지 못하고요. 아내는 마무리를 짓지 않고 가버리는 것은 화장실에 갔다 뒤처리를 하지 않은 느낌이기 때문에 이 또한 견딜 수 없습니다. 결국 관계 개선을 위해 노력할 때 나의 특성만을 활용하면 별로 도움이 되지 않습니다. 남편은 '날 좀 내버려두면 이야기할 텐데'라고 생각하고 아내는 '말을 안 하니 답답해 더 물어보게 되고'란 악순환을 겪고 있을지 모릅니다. 두 사람의 기질 차이에 대한 이해가 필요하지요.

말수가 적으면 갈등을 겪는 속도나 해결이 느릴 수는 있습니다. 하지만 그만큼 갈등을 예방하고, 크게 확대시키지 않는다는 장점도 있지요. 또한 말수가 없는 커플이라고 해서 모든 갈등 앞에서 주저하는 것은 아닙니다. 그들만의 해결 방식이 존재하는 법입니다. 주리 씨 커플역시 마찬가지입니다. 싸움의 양상이 침묵으로도 벌어질 수 있다는 것을 알아야 합니다. 주리 씨 부부는 말수가 적은 편이긴 하지만, 필요한 말조차 하지 않고 있다는 것은 서로가 불편한 상황이나 불만들조차 내면에 쌓아 놓기만 하는 것과 같습니다. 그렇게 되면, 관계가 밋밋해지고, 멀어지게 됩니다.

말수 자체의 문제보다 상대방이 해주길 기다리는 태도가 더 문제일 수 있습니다. 말수가 적다 보면 부부 관계도 서로 수동적이 될 가능성이 있습니다. 갈등이 생기면 더 수동적이 되고, 불편함은 커지게 되겠지요. 상담실에서 만난 한 중년 부부는 주리 씨 커플처럼 말수가 적지만 갈등은 매우 크게 겪고 있었습니다. 부부는 이름뿐이고 스스로 중요하다고 생각하는 것들은 자기 원가족하고 이야기하고 있었지요. 즉남편은 시댁과, 부인은 친정과 의논해 삶의 과제들을 밟아가고 있었습니다. 어느 순간 부부가 소통하려는 노력을 포기하게 된 것이지요. 단지 그 부부가 결심한 것이 있다면, 자녀들이 좀 더 크면 우리는 헤어지겠다는 것이었습니다. 자녀를 위해 어쩔 수 없이 지금 상담실을 찾았지만, 부부의 문제는 건드리지 말라는 태도를 보였지요.

말수가 적은 부부가 일부러 말을 많이 하려고 노력하는 것은 썩 어울리는 해결 방식은 아닐 것입니다. 기질의 힘은 생각보다 큽니다. 부부가 되었다고 자신에게 맞지 않는 삶의 방식을 억지로 끼워서 살아야 하는 것은 아닙니다. 중요한 것은 부부가 서로 소통하기 위해 노력하고 있다는 자세를 표현하는 것입니다. 그것은 말이 될 수도 있고, 글이 될 수도, 행동이 될 수도 있습니다. 몹시도 서툴 수 있고 작은 표현이 될 수도 있습니다.

아무 노력이 없는 침묵은 무서운 싸움의 방식일 수 있습니다. 그렇기에 부부 관계에서는 각자의 기질을 인정하고, 이해한 뒤 소통하려는 노력을 버려서는 안 될 것입니다.

나를 폭발하게 만드는 집구석,
그리고 배우자

요즘은 분노 조절이 안 되어 생긴 사건 사고가 하루를 멀다 하고 뉴스거리로 회자되고 있습니다. 화가 조절되지 않아 자녀들에게 감정적인 양육을 하고, 부부 싸움에서도 물건을 집어던지거나 폭력을 행사하는 사람들이 주변에는 의외로 많습니다. 홧김에 부부 싸움을 하고 홧김에 이혼 도장까지 찍는 부부들, 하루에도 수시로 울컥하는 마음을 추스르지 못해 우울증 약을 먹어야 하나 고민하는 사람들, 반항과 분노로 일탈을 일삼는 사람들도 늘어나고 있습니다. 사회 안팎으로, 가정 안팎으로 스트레스는 늘어만 가는데, 이것을 제대로 들여다보고 해소할 길이 없기 때문에 해결되지 못한 분노 감정들은 차곡차곡 쌓이는 것이지요.

부부 관계에도 이 분노 폭발은 큰 갈등을 가져옵니다. 그 사람의 됨됨이, 학벌, 종교, 하는 일과 상관없이 분노의 감정을 조절하기 힘겨운 부부들을 많이 만납니다. 이것은 경제적인 여건이나 교육 수준이 분노를 억제하는 요건이 아니라는 이야기지요. 분노 폭발로 인해 가정문제가 심각해지고 잠정적 이혼을 결심하고 나서야 상담소를 찾는 부부도 자주 봅니다.

고학력 전문직을 가진 남편(48세)과 마찬가지로 전문직에 종사한 아내(47세)인 맞벌이 부부가 있었습니다. 표면적으로는 아이가 학교에서 산만하다면서 내원을 했습니다. 하지만 상담이 진행될수록 문제는 아이가 아니라 부부에게서 더 많이 발견되었습니다.

엘리트 남편은 집에서 아내만 보면 벌컥 화를 내기 일쑤였습니다. 사소한 것이라도 자기 맘에 안 들면 화를 내고, 아내가 말대꾸를 하면 물건을 집어던지거나 심지어 폭력까지 행사했던 것입니다. 아내는 남편이 결혼 초기에는 툭툭 치는 식으로 건드렸는데, 시간이 지날수록 강도가 더해져 지금은 멍이 들 정도로 폭력이 심해졌다고 고백했습니다. 분노가 폭발해 아내를 때리고 나면 미안해하고 몇 개월은 잠잠했다고 합니다. 남들 앞에서는 더욱 챙겨주었고요. 아내는 남편의 이런 모습이 진짜가 아닐 거라고 믿고 싶었다고 합니다. 잘해줄 땐 더없이 자상했으니까요. 그래서 달라지겠지, 변하겠지란 믿음으로 결혼생활을 버텨 왔습니다. 아이도 있었으니까요. 하지만 시도 때도 없이 울컥하고, 화를 벌컥 내는 남편은 크게 달라지지 않았습니다. 집안 청소가 안 되었다고 화를 내다가도 어떤 때는 자기 기분이 좋으면 그냥 넘어가기도 했지요. 그러는 사이 아내는 이상 증세에 시달리게 되었습니다. 남편이 언제 화낼지 몰라서 가슴이 수시로 두근두근 뛰었습니다. 남편의 기분이 어떤지에 온 신경이 곤두서 있었죠. 회사에서 매우 능력 있는 아내였지만 자신감이 점점 없어지고, 밖에서는 아무렇지 않게 표정 관리를 해야 하는 상황이 너무 버거워져 우울감에 시달렸습니다. 남편이 바깥에서 전문직으로 활약하는 모습과 달리, 아내는 직장에서도 집에서도 점점 우울해져갔습니다.

아내에게 이혼을 못하는 이유를 물었더니, 아이에게 부모의 이혼이라는 상황을 주고 싶지가 않고, 남편이 사회적 체면 때문에 이혼을 거부했다고 말했습니다. 또 스스로도 혹시 '내가 뭘 잘못하지 않았을까? 원인 제공을 조금이라도 하지 않았을까?'란 생각도 들어 쉽게 결정하지 못한다고 답했습니다.

한 사람의 병적인 분노가 얼마나 배우자를 고통으로 몰아가는지는 상상을 초월합니다. 남들 보기에는 직업도 좋고 그림처럼 잘 살고 있는 가정의 속사정은 이렇게나 부실한 뼈대와 희생으로 지탱되고 있었습니다. 아내는 이미 심한 우울감에 시달리고 있었습니다. 이러한 버팀이 언제까지 지속될 수 있을까요? 외부인에게는 보이지 않는 감정의 미세한 불안을 배우자는 쭉 안고 살아야 합니다. 사실 분노란 감정 자체를 나쁘다고는 볼 수 없습니다. 분노는 감정의 한 모습일 뿐이니까요. 분노란 나를 지키기 위한 감정의 신호이고, 불쾌하거나 합리적이지 못한 것에 대한 자연스러운 마음 반응입니다. 문제는 폭발하듯 분노를 터뜨리는 방식에 있습니다. 그리고 분노 폭발을 몰고 오는 요인을 제대로 성찰하지 않는 것에 있습니다.

이 남편이 왜 이렇게 폭발하듯이 분노하고, 폭력적인 방식으로 표출하는지에 대해서는 심리적으로 알아보는 과정이 필요합니다. 업무적으로 스트레스가 많은 직종에 있는 탓도 있을 것이고, 부부 간의 반복되어 온 감정 문제도 있을 것입니다. 남편이 자라온 환경도 영향을 줄 것이고, 그의 기질도 분명 작용할 것입니다. 문제는, 이 남편이 자신의 분노 감정을 주로 배우자에게 퍼붓듯이 해소하려는 경향이 있다는 것이지요. 사실 많은 부부 관계에서 이런 모습이 나타납니다. 가장 편하고, 가깝고, 그리고 이해해줄 것 같은 존재가 배우자이기 때문에 내면에 꼭꼭 눌러 온 화를 쉽게 폭발시키는 것이지요.

갈등 앞에서 분노를 폭발하듯이 싸우는 부부는 마치 폭탄을 안고 생활하는 것과 같습니다. 집안 분위기가 살얼음판을 걷는 것처럼 아슬아슬한 것이지요. 배우자는 화가 나는 지점들을 분명히 모를 수도 있습니다. 내 기분에 따라, 내 맘에 안 들면 폭발하듯이 화를 터트리기 때문에 집안사람들은 항상 긴장과 불안 속에 살게 되지요. 울컥하는 분노는 본인 스스로도 잘 다스려지지 않아 물건을 던지거나 상대방을 공격하는 행위까지 이어지는 겁니다. 배우자가 덩달아 화를 내면 아주 무서운 싸움이 되기도 합니다. 그리고 그 무엇도 해결하지 못한 채 끝나게 되지요.

부부 싸움에서 불같이 화를 터트리고 난 다음에는 당사자는 감정적인 앙금은 꽤 해소되어 있을지 모르지만, 배우자는 그 트라우마가 내면에 고스란히 남게 됩니다. 분노를 폭발한 당사자는 '부부가 싸웠다'고 생각하지만 배우자는 '당했다'고 생각하는 것이지요. 싸움조차 바라보는 시각이 다르기 때문에 부부가 갈등을 해결하기는 더욱 어려울 수밖에 없습니다. 그리고 그 피해는 부부는 물론 집안 모든 사람들이 뼈 아프게 감당하게 됩니다.

부부 싸움에서 모두가 피해자로 남지 않으려면, 분노를 폭발하듯 싸우는 장면을 만들지 않는 것이 최선입니다. 거친 부부의 언행을 아이가 어떻게 대물림 받을지 모를 일입니다. 뿐만 아니라 당사자와 배우자에게도 어떤 미해결 감정을 남길지 모를 일입니다. 만일 지금 부부 싸움에서 폭발하듯 분노하고 있다면, 분노를 표출하는 방식을 다르게 만들어가야 할 것입니다. 물론 쉽지 않은 일입니다. 현실에서 많은 부부들이 이 문제가 잘 해결되지 않아 극단적인 상황과 우울감에 시달립니다. 한쪽이 병적으로 아프게 되거나, 아니면 비정상적인 관계가 형성되어 부부는 물론 아이, 훗날 아이 가족에게도 악영향을 끼칩니다.

그렇기에 부부 갈등에서 왜 이렇게 화가 나는 건지, 그리고 갈등 사안이 정말 이렇게 폭발하듯 화내야만 하는 부분인지, 좀 더 건강하게 분노를 해소할 방법은 없는 건지를 살펴야 합니다. 분명 분노가 느껴지는 심리적 요인과 외부적 요인이 있을 것입니다. 그것은 부부 내에 존재할 수도 있고, 부부 바깥에 존재할 수도 있습니다. 상처뿐인 관계를 만들지 않고, 내 가족이 병들지 않기 위해서 분노가 보내는 빨간 경고를 제대로 직시해야 합니다.

어떻게 하면 화를 조절하는 데 도움이 될까요? 이런 질문을 해보십시오. 자신이 화를 내는 이유를 자신에게서 찾습니까? 아니면 남에게 찾습니까? 분노의 이유를 남에게 두는 사람보다 자신에게 두는 사람이 화를 조절하기에 조금 용이합니다. 그리고 화가 나는 반복되는 상황을 체크를 한 뒤, 그러한 상황이 생긴다면, 그 상황에서 잠시 떨어져 있는 것이 필요합니다. 몇 번의 심호흡도 도움이 될 것입니다. 제 3자의 화를 보듯이 지금 내 화를 살펴보려 하는 태도도 도움이 될 것입니다. 보다 객관적으로 왜 나는 화를 내고 있는지, 왜 이러는지 아는 것이 중요합니다. 뒤에서는 이러한 분노가 어디서 오는 것인지를 좀 더 자세히 살펴보겠습니다.

넌 선생이고
난 학생이니?

한 중년 부부가 상담소를 찾았습니다. 50대 초반의 남편은 직업이 교사로 한눈에 보기에도 엄격함과 단호함이 느껴지는 인상이었지요. 부인은 전업주부로 남편을 내조하며 자식을 키우는 데 성실히 살아온 근면함이 느껴졌습니다. 모든 부부 갈등도 현명하게 의논하고 풀어갈 것 같은 중년 부부의 모습이었지요. 두 사람은 최근에 귀촌을 실행하기도 했다고 합니다. 인생 2막을 단란히 준비해 살아가는 부부가 상담소를 찾을 일은 과연 무엇이었을까요?

직업병이라면 직업병이라고 해야 할까요? 이 중년 부부는 관계가 매우 특이했습니다. 부부는 동등하게 존중받아야 하는 두 인격체의 만남인데, 이 커플은 달랐습니다. 수직적인 관계였지요. 선생님인 남편은 부부가 함께 상의하고 결정할 것들에 대해 거의 혼자 결정하는 일이 많았답니다. 부인은 남편의 결정을 따르고요. 요즘 같은 세상에 이런 부부가 있냐고요? 실제로도 꽤 많이 있습니다. 각자의 상황은 달라도, 부부 관계에서 자신이 군림하려 들고 배우자가 자기를 따라주길 기대하는 이들이 아주 많습니다.

어느 날, 이 가정은 아주 작은 일로 집이 시끄러워졌습니다. 남편이 부인의 잘못을 발견한 것이지요. 아침 식사가 조금 늦고, 요리를 하면서 정리도 함께 하지 않는다는 지적이었습니다.

"왜 생각 없이 행동해? 왜 매사가 그렇게 대충이야?"
"인생을 그런 식으로 사니까 이 나이 먹도록 이 모양이지!"

남편의 지적은 점점 철학적인 지적으로 이어졌습니다. 부인은 여느 때처럼 혼자 그릇을 툭툭 던지면서 마음속으로 '어휴, 또 시작이다.'라고 중얼거릴 따름이지요. 딱 선생님이 학생을 혼내는 상황이 이 집에서는 몇 십 년째 반복되고 있습니다. 자녀들도 아빠에게 혼나는 엄마의 모습이 익숙합니다. 남편은 자신의 말이 절대 잔소리가 아니라 꼭 필요한 훈계라고 생각하고 있지요. 그래도 아내는 남편의 훈계를 잔소리로 여기지 않고, 싫어도 받아는 줬습니다. 어떤 때는 스스로가 생각하기에도 '모자라는 것이 많은 나인가 보다'라고 여겼기 때문입니다.

그러다 아이들이 성장하면서 사춘기를 혹독하게 겪으며 상담을 시작하면서 부인은 자신을 살펴볼 기회가 생겼습니다. 남편의 지적에 매번 주눅이 들고, 부부 갈등에선 늘 남편을 따르기만 했던 아내는 달라지기 시작했습니다. 자녀들이 성장하는 만큼 아내의 자아 역시 성장하기 시작했기 때문입니다.

이 집의 가장 큰 특징은 부부가 수직적인 관계이기에 부부 싸움 역시 싸움이라기보다는 교사가 야단치고 학생이 혼나는 그림이라는 것입니다. 아내는 혼나면서도 불만이 마음에 차곡차곡 쌓여 있어 그릇을 툭툭 던지거나 소심하게 표현해왔습니다. 갈등의 표현이긴 한데, 싸움이라고 하기에는 뭔가 부족한 모양새였지요. 그런데 아내가 이러한 부부 관계의 문제점을 인지하게 된 것입니다. 그것은 귀촌을 실행하면서 더 뚜렷하게 나타났습니다.

귀촌생활이 한두 해 지나면서 늘 선생님처럼 훈계하고 자신을 가르치려 했던 남편의 허점이 아내 눈에 들어오기 시작했습니다. 귀촌생활은 도시와 달라, 남편도 모르고 서툴렀던 부분이 많았던 것이지요. 함께 의논하고 결정할 문제에서 남편은 또 독단적으로 행동했고, 이것이 큰 문제나 오해를 불러일으키는 일들이 많아졌습니다. 아내의 자아도 성장해나가면서, 남편의 훈계에 대항하기 시작했지요. 전에는 없던 싸움이 시작된 것입니다. 그러다 남편의 잔소리에 본격적으로 아내가 대응하기 시작하면서 아주 큰 싸움이 벌어졌습니다.

몇 십 년의 결혼생활 만에 제대로 된 싸움이 처음 벌어지자, 남편은 너무 놀라 처음에는 아내의 의견을 그저 누르려고만 했습니다. 아내도 속으로 겁이 났습니다. 싸움은 말끔히 해결되지 않았지만, 부부의 관계는 조금 달라져 있었습니다. 예전에는 남편과 싸운 뒤(아니 혼이 난 뒤)에도 식사도 잘 챙겨 주고, 셔츠도 다림질해놓았는데, 이번에는 아내가 그 역할을 보이콧한 것이지요. 대화도 며칠간 하지 않았습니다. 남편은 또 잔소리를 했습니다. 왜 자기 역할을 하지 않냐며 말입니다. 부인은 이런 대답했습니다.

"난 지금 당신하고 싸우고 나서 기분이 나빠 말할 기분이 아니고 챙겨 주고 싶지 않아요. 나도 내 감정대로 행동하고 싶다구요. 필요한 것은 당신이 챙기세요. 당신은 성인이니 챙길 줄 알 거 아니에요."

약 한 달간 이 중년 커플은 이런 상황을 유지했다고 합니다. 남편이 상담실에 왔다는 것은 매우 큰 발전을 이룬 셈이었습니다. 자신들의 관계에 문제가 있고, 그것을 고칠 의향이 있다는 뜻이니까요. 그리고 이 부부는 나이 50대 후반에 새로이 관계를 정립해나가고 있습니다. 익숙하지 않지만, 남편은 아내에게 예전처럼 굴지 않습니다. 인생의 반려자로 동등하게 바라보기 위해 서툴지만 노력을 합니다. 남편이 또다시 선생님처럼 굴 때 아내는 딱 한마디를 한다고 하는군요.

"난 당신의 학생이 아니고 아내라니까요."

관계의 균형을 맞출 때, 힘의 균형을 맞출 때 부부 갈등은 때로는 큰 도움이 됩니다. 싸우지 않으면 비뚤어진 관계로 쭉 이어졌을 텐데 싸웠기 때문에 제대로 된 관계가 될 수 있었던 것이지요. 만일 균형이 깨진 부부 관계에서 강한 자의 힘을 줄이려 드는 것은 에너지 소비만 될 수 있습니다. 약한 자가 힘을 키운다면 갈등은 필수적으로 생기게 됩니다. 하지만 그 갈등이 균형을 가져온다는 것입니다. 다시 말하지만, 갈등은 위기이자 기회입니다. 이것을 위기로 볼지, 기회로 볼지는 부부가 함께 선택해야 할 몫입니다.

점점 유치해지는
어른아이들의 싸움

　부부 싸움에도 수준이 있습니다. 당사자들이 문제를 직접 해결하려는 태도는 그나마 나은 편입니다만 갈등이 무섭고 싫어서 직접 싸우기보다는 다른 식구들을 개입시켜서 싸우는 경우들도 허다합니다. 마치 어린아이들이 어른들에게 고자질해서 문제를 해결하는 것처럼 말입니다.

부부 싸움의 대리전

　부부가 싸우는데, 직접 싸우기보다 항상 자기 부모를 개입시키는 경우들을 심심찮게 봅니다. 요즈음은 갈수록 더 심해지고 있지요. 그런데 이것은 자녀들이 원하기도 하지만, 부모도 개입하려고 언제나 대기하고 있는 경우도 있습니다.

30대 남성이 이혼 소송 중이라며 소송 내용을 잔뜩 복사해서 가지고 상담을 온 적이 있습니다. 이혼 소송 중 양육권과 친권 다툼이 벌어졌는데, 아내가 제대로 아이를 키울 수 없다는 것을 증명하려고 가지고 온 내용들이었습니다. 대부분의 내용이 아내와 장모 사이의 메일 내용들이었지요. 얼마 지나지 않아 아내 역시 상담소에 내원해서 아이의 일기를 가지고 자신의 입장을 호소했습니다.

진흙탕 싸움 속에서 두드러지게 보였던 것이 무엇이었냐면, 부부가 싸움을 하게 되면 영락없이 장모의 개입이 시작되었다는 겁니다. 의견 차이가 보이면, 아내는 '엄마에게 물어볼게' 식이었고, 남편이 흥분해서 이야기하면 아내는 그냥 문을 잠그고 장모와 통화하기 시작했답니다. 그다음 순서는 장모가 나타나거나 전화를 해서 사위를 야단치거나 달래며 훈계하는 것이었습니다. 전화를 못하게 했더니 아내는 엄마와 메일을 주고받으면서 훈수를 받고 있었죠. 결국은 장모가 나서서 '내 딸과 이혼하고 아이는 엄마가 키우도록' 제안했습니다. 남편은 화도 나고 자존심도 상해서 이혼을 거부하려다 이런 관계를 유지해봤자 뭐하나 싶어 이혼에는 동의했지만, 양육권 문제로 지루한 싸움을 하게 된 것이죠.

대리전을 원하는 많은 부부들이 상대보다 더 힘센 부모를 데리고 와서 '혼내 달라' 식으로 태도를 취하는 것 자체가 얼마나 유치한지를 잘 모릅니다. 혼내 주러 달려가는 부모 역시 자식의 행동이 어른의 행동인지 아닌지 모르고 있습니다. 안다면 그렇게 행동하지 않겠죠. 부모의 변명은 이렇습니다. 결혼이 개인과 개인의 맺음이 아닌 것처럼, 부부 싸움 역시 개인의 문제가 아닌 집안의 문제라면서 끼어든다는군요. 결혼 연령대는 높아졌는데, 마음은 아직 독립되지 않아 부모가 '물가에 내놓은 어린아이'를 보는 심정으로 부부 사이의 문제에 개입하는 형국입니다.

반면 거꾸로 자녀들이 부부 싸움에 끼어들어 편들기도 합니다. 부부 싸움에서 부모 한쪽이 수세에 몰리는 느낌이 들면 처음에는 말리려고 개입을 합니다. 그러다가 자녀가 대신 싸워 줍니다. 대신 싸워 주는 자녀 덕분에 맘이 든든한 쪽도 있지만, 반대쪽은 자녀가 대든다고 여겨져 불쾌해 지면서 결국 싸움이 아닌 부모가 자식에게 훈계하는 식으로 싸움이 흘러갑니다. 심해지면 나 대신 싸워 주는 자녀가 기특하고 든든하게 여겨지면서 자녀에게 배우자의 맘에 안 드는 것을 고자질하게 된다는 것입니다. 자녀가 부부 싸움의 대리자가 되어 버린 것이죠. 심한 경우는 대리전을 해주는 자식을 보호하기보다는 '나 대신 감당해라'는 식으로 싸움의 자리를 떠넘겨버리는 모습도 보입니다. 그렇게 되면 싸움이 유발되었던 문제의 본질은 사라져 버리고, 한쪽 부모가 자녀를 버릇없이 행동한다고 훈계하는 것으로 끝납니다. 부부의 갈등으로 인해 부모 자녀 관계도 비틀어져 버리는 것이지요.

아이와 어른의 차이는 무엇일까요? 어느 정도 의존하느냐 독립된 행동을 하느냐의 차이라 여겨집니다. 분명 싸울 땐 상대방이 날 아이처럼 대하는 것을 싫어하면서도 문제를 해결하는 방법은 아이처럼 누군가에게 해달라고 매달리는 형국은 아닌가요? 그렇다면 스스로에게 '나는 성인인가? 성인 대접을 받고 싶은가?'라는 질문을 던져 보십시오. 이 질문은 아주 중요합니다. 며칠 동안 계속 이 질문 가운데 서 있어 보십시오. 이 질문에 스스로 창피함을 느낀다면 어른스럽게 행동할 시작점이 될 것입니다. 변화가 가능해진다는 것이지요.

혹시 잘 살고 있다는 착각에
빠져 있다면

부부 갈등을 제대로 풀지 않고, 어느 한쪽이 참고 버티는 형국이라면 어떨까요? 누군가는 한쪽이 좀 힘들고 억울하겠지만, 굳이 갈등을 수면 위로 올려 일을 크게 만들지 않는 것이 좋지 않냐고 이야기합니다. 이왕 참는 거 좋게 좋게 지내는 게 낫다는 것이지요. 하지만 풀리지 않는 갈등이 아무 탈 없이 끝나는 경우는 없습니다. 부부의 갈등이 제대로 풀어지지 않으면, 비뚤어진 관계는 자녀에게 대물림되거나 황혼 이혼이라는 극단적인 결말을 가져오기도 합니다. 최근 이혼 사유 1위인 황혼 이혼은 참고 사는 부부는 이제 옛말이라는 것을 보여줍니다.

수용 씨는 며칠간 아내의 얼굴을 보지도 못했다. 집에 들어오면 퇴근해 들어온 딸아이가 수용 씨의 밥을 챙겨 준다. 따뜻한 밥과 국을 내어 오지만, 수용 씨는 목이 메어 넘어가지도 않는다. 아내가 차려 준 밥상과 맞은편에 앉아 있던 아내가 그립기만 하다. 아내의 결심은 너무도 굳건해 이제는 집에서 수용 씨를 마주하려고 하지도 않는다. 이혼이라니. 수용 씨는 이혼을 한 번도 생각해보지도 못했다. 평소에 아내와 대화가 잘되는 편은 아니었지만, 그래도 큰 충돌은 없이 살았다.

수용 씨의 사업이 힘들어지자 부부 싸움이 눈에 띄게 늘기 시작했고 아내는 그동안 불만이었던 수용 씨의 경마장 취미도 따지고 나섰다. 수용 씨는 아내가 알 거라 믿었다. 수용 씨가 사업으로 얼마나 힘든지 말이다. 경마장은 정말 취미이고 아내가 걱정할 만큼 도박하는 것이 아니라는 것도 말이다. 그런데 아내는 아니었나 보다. 아내는 언제부터 준비했는지, 재산분할에 관해서도 구체적으로 따진다. 자기와 헤어지려고 작정한 듯한 아내의 모습에 수용 씨는 숨이 막힌다. 이대로 살 수 있을까. 딸아이를 결혼시키고 나면 아내와 여행하며 살아야지 했는데… 수용 씨는 모든 것을 포기하고 싶다.

오랫동안 묵어온 갈등은 그 실타래가 엉키고 엉켜 어디서부터 풀어야 할지 암담하기만 합니다. 갈등을 수면 위로 꺼내지 않았기에 싸우지 않는 상황이라고 생각했지만 암묵적인 싸움이 길게 이어져온 상황입니다. 주로 노년의 부부가 갈등 앞에 이런 모습을 보입니다. 황혼 이혼은 충동적이지 않은 선택인 경우가 많은데, 그만큼 오랫동안 생각했고, 뿌리 깊은 갈등을 바탕에 두고 있습니다. 한 70대 노인의 경우 아내가 황혼 이혼을 해주지 않자, 살인까지 저지른 충격적인 사건이 보도되기도 했습니다. 갈등의 원인은 여럿이 있겠지요. 하지만 오랜 결혼생활 동안 수면 위로 꺼내지 않았던 그 갈등은 그 아래서 커질 대로 커져 결혼생활에 파국을 가져옵니다. 수용 씨 부부도 이혼이란 결정을 앞두기까지 아내가 참고 살아온 세월이 꽤 길었습니다. 수용 씨도 아내의 불만을 알고는 있었지만, 그래도 결혼생활이 유지되고, 아이로 인해 이따금 웃을 일도 생겼기 때문에 자신들이 잘 살고 있다고 믿었습니다. 아내가 마음속으로 이혼이란 글자를 몇 번이나 썼다 지웠다 했는지 수용 씨는 전혀 모를 일이었지요.

한쪽이 일방적으로 희생하거나 참는 관계는 오래 버티지 못합니다. 부부 관계 역시 마찬가지입니다. 때문에 부부가 싸우더라도, 관계의 균형을 맞추기 위한 노력으로 보아야 하고, 그 선택이 서로 이해되어야 합니다. 부부 중 한쪽으로 힘이 기울어지고 있으면 강한 쪽은 사태의 심각성을 제대로 알지 못하게 됩니다. 표현하지 않으면, 상대방은 괜찮은 줄 알기 때문에, 갈등을 해결할 의지와 실마리는 점점 사라지게 되고, 약한 쪽은 해결보다는 포기를 택하기 쉽습니다. 요즘 같이 남들 사는 모습을 비교해보기 쉬운 사회에서, 배우자가 언제까지나 갈등을 묵인하고 살지는 않을 것입니다. 그저 아이가 다 크고 난 뒤에, 혹은 내가 경제적 능력을 갖추고 난 뒤에, 식으로 이혼 시기를 조절할 뿐이지요. 노년에 부부가 헤어지게 되면 은퇴 후의 삶도 크게 흔들리게 됩니다. 대체로 우리나라는 노년기에 남자가 여자에게 의지하는 경향이 크기 때문에 황혼 이혼으로 독거의 삶을 사는 남자들은 적응하기가 쉽지 않습니다. 그렇기에 부부 문제에 남자들도 좀 더 적극적인 태도로 갈등을 직면하는 것이 필요합니다.(대체로 부부 문제에 여자들이 먼저 고민하는 경우가 많기 때문입니다.)

더욱이 갈등을 오랫동안 끌고 오면서 부부 간의 친밀감은 사라질 대로 사라져 있을 것입니다.(한쪽이건 양쪽이건) 몸도 마음도 멀어질 대로 멀어져 두 사람 사이에 남은 과제라고는 재산 분할만 있다면, 그간의 부부로 살아온 세월이 정말이지 공허하게만 느껴지게 될 것입니다. 지금 사랑하는 사람과 그렇게 냉정하게 돌아서는 관계가 설마 되겠나 싶을 것입니다. 많은 부부들이 그 '설마' 앞에 부부 문제를 제대로 직면하지 않고 묻어둡니다. 나중에 더 큰 파도로 부부의 문제를 마주하지 않으려면 지금 문제를 살펴봐야 합니다.

부부의 삶에서 갈등은 다양한 모습으로 다가옵니다. 때로는 폭탄처럼 폭발하기도 하고, 때로는 소리 없는 기싸움으로 진행되기도 합니다. 혹은 한쪽만 문제로 인식해 아파하기도 합니다. 갈등의 심각한 정도에 차이가 있겠지만, 관계의 갈등은 이처럼 다양하고도 당연한 모습들입니다. 그렇기 때문에 더더욱 부부 간의 갈등을 함께 찾아보고, 들여다보는 노력을 해야 할 것입니다. 부부가 함께 말이지요. 이제부터 그것을 해볼 차례입니다.

Chapter 02

결혼은 정말

미친 짓일까?

상담실에서 가장 많이 드러나는
부부 싸움의 이유

둘만의 문제인 듯
문제가 아닌 것들

앞 장에선 다양한 싸움의 양상을 살펴봤다면, 이 장에선 무엇으로 싸우는지를 다루려 합니다. 세상의 모든 커플들은 각기 다른 모습으로 싸우며, 또 각기 다른 이유 때문에 갈등합니다. 싸우며 살고 싶지 않지만, 살다 보면 싸우는 일도 허다하지요. 정말 싸우려고 만난 사람들처럼 말이지요. 싸우면서 친해진다는 말도 때로는 부부 사이에서 실재합니다. 잘 싸우다 보면 배우자를 이해하게 되고, 인간적으로 성숙하게 되고, 또 남은 생을 배우자와 더 결연히 걸어갈 결심을 하게 되는 것이지요. 이쯤 되면, 싸움의 본질을 살펴볼 필요가 있습니다. 대체 무슨 이유로 부부 싸움을 하는 걸까요?

어떤 집에서는 싸움의 이유는커녕 투정거리도 되지 않는 것들이 우리 집에서는 중대한 싸움꺼리가 되기도 합니다. 우리 부부가 뭔가 더 까칠한 것일까요? 우리에게 문제가 있다고 봐야 할까요? 집집마다의 싸움꺼리는 각자 자라온 환경과 성향에 따라 달라집니다. 그렇기에, 싸움 상황 자체를 가지고 부부의 문제 유무를 말할 수는 없습니다. 때로는 다른 사람에게는 아닐지 몰라도, 자신에게는 중요한 것이며, 옳다고 믿는 것이며, 필요한 것이 있기 때문입니다.

집안의 모든 관계는 왜 여자(며느리)의 몫인가?

흔히들 부부 싸움에서 부부 둘만 있으면 싸울 일이 별로 없다고 말합니다. 그럼 무슨 일로 싸우냐고 하면, 주로 각 집안(시댁이나 처가)이나 아이 문제로 싸운다고 하지요. 실제로 부부의 라이프를 살펴보면 시기별로 싸움의 소재도 달라집니다. 이를테면, 신혼 초나 명절의 경우 양가 어른들과의 관계 문제로 싸우게 되고, 아이들이 학령기가 되면 자녀교육 문제로 싸우는 일이 많아집니다.

둘만의 문제에서는 합리적인 방향도 잘 모색하고, 타협도 잘만 하던 부부가 각자의 집안이 개입되고 그 문제들에 들어서면서 돌연 달라집니다. 자신의 주장을 고수하고 배우자를 무조건 설득하려 들거나, 갈등 해결에 미온적인 태도를 보이기도 하지요.

지희 씨는 결혼 10년차 주부다. 요즘은 입맛도 없고 하루에도 수시로 화나고 억울한 기분이 들어 누군가에게 하소연하고 싶어진다. 오늘 아침에는 별것 아닌 일로 아이에게 벌컥 화를 냈다. 기죽은 아이의 모습을 보니 입맛이 더욱 쓰다. 내 삶이 왜 이렇게 된 걸까? 결혼할 때만 해도 시댁으로 인한 스트레스가 이 정도일 줄은 몰랐다.

생각해보면, 결혼 초부터 징조는 나타났었다. 남편은 2남 2녀 중 장남이다. 연애 때도 남편은 자기 집에 크게 얽매이는 타입이 아니어서, 장남이라는 점은 크게 개의치 않고 '내가 좀 더 신경 쓰면 되겠지'란 마음으로 결혼했다. 그런데 신혼여행을 다녀오고 나서 시댁을 들르니 시부모가, 온 집안 식구가 모인 자리에서 "우리 집 화목은 너한테 달렸다."는 말을 하는 게 아닌가. 그때는 그저 잘 지내보자는 격려 정도로 여기고 말았는데, 그 말에 뼈가 있었다.

남편의 집 식구들은 평소 사근사근하지는 않지만, 누군가가 주도해 식구들이 함께 모여 화목한 분위기가 되는 것을 은근히 바라고 있었다. 시부모는 며느리 지희 씨에게 이러한 역할을 기대했다. 그렇다 보니 집안 화목을 위해 집안 행사를 챙기는 것은 지희 씨의 몫이 되었다. 자리를 만들고 음식을 장만하는 것은 물론 시누이의 아이까지 챙겨 주길 바라는 집안사람들의 태도에 지희 씨는 조금씩 지쳐갔다. 더욱이 자신이 아플 때도 고려하지 않고 시댁 식구들 간의 우애와 정을 우선할 때는 무척 서운함이 들었다. 내가 시댁의 관계도우미도 아니고 집안 행사를 위해 결혼한 것이 아닌데, 남편에게 "너무 힘들다. 다른 집에 비해 우리는 시댁과 너무 자주 모인다. 그게 다 내 일이 된다."고 토로하니 남편은 시큰둥한 반응이었다. 지희 씨는 그런 남편의 태도에 몹시 속상해 자주 부부 싸움을 했다. 그럴 때마다 남편의 반응은 "결혼하면 다른 집도 다 그 정도 한다. 유난 떨지 마라."였다. 얼마나 냉소적인 반응인지 지희 씨는 남편을 향한 애정으로 버티던 마음이 깡그리 식었다. 맙소사. 남편은 결혼 전 자기 집안일에 관심이 없던 그 사람이 맞나 싶다. 지희 씨는 이 집안에서 혼자라는 외로움에 몸서리가 처진다. 모두 나를 같은 식구로 보는 건지, 아니면 집안도우미로 보는 건지 헷갈린다.

상담을 하면서 지희 씨는 시부모의 부부 관계가 나쁘다는 사실을 뒤늦게 알게 됐다고 고백했습니다. 시댁 관계를 지희 씨에게 의존하는 것은 점점 더 커져 이제 시부모가 각자 지희 씨를 호출하고 운전기사 겸 비서처럼 데리고 다니는 일까지 생겼지요. 지희 씨는 폭발할 지경에 이르렀는데, 이런 지희 씨를 이해하는 사람은 한 명도 없었습니다. 모두 지희 씨의 역할로 편안했고, 번거로운 일들이 없어져서 지희 씨가 계속 그 일을 해주길 원했던 것이지요.

이성적으로 말도 안 된다고 여겨지는 상황들이 '집안의 일'이라는 명목으로 많이 일어납니다. 마치 대의명분이라도 되는 것처럼 '집안'이라는 이름 아래에 불합리한 상황과 희생을 슬쩍 지나치는 일이 무척이나 많습니다. 어르신들은 물론 젊은 세대까지 누군가의 활약(또는 희생)으로 집안의 일이 수월해지거나 해방되면 알면서도 불합리한 상황을 묵인하기도 합니다. 가부장적인 특성이 강한 우리 결혼 문화에서는, 며느리에게 이러한 역할을 기대하는 편이지요. 결혼했다는 이유로, 며느리들은 당연히 '이상적인 자녀로서의 역할'을 요구받습니다. 그전에 아무리 시댁 부모와 아들의 사이가 냉랭했다 하더라도 며느리로 인해 관계는 반전될 수 있다고 생각하거나, 그 책임을 새로 들어온 식구의 몫으로 돌리는 것이지요.

지희 씨는 결국 참지 못하고 갈등을 수면 위로 끌어올려 남편과 격렬하게 다퉜습니다. 그러면서 며느리로서 요구받던 일들도 하나둘씩 손을 놓았지요. 그러자 시댁 식구들의 엄청난 비난이 쏟아지기 시작했습니다. 시누이들이 탁아모 역할을 해준 지희 씨의 파업에 안심하고 맡길 곳이 없어 전전긍긍하면서 지희 씨 남편에게 불평을 했습니다. 지희 씨가 손을 놓자 여태 화목했던(마치 결혼 전에도 그랬던 것처럼) 가정이 흔들린다며 책임을 추궁했습니다. '며느리가 잘못 들어와서 잘 모이던 모임도 잘 안 된다'며 말입니다. 사실 제대로 화목하지 못했던 집을 며느리가 엮어 주었던 것인데 말이지요. 지희 씨는 극심한 스트레스로 몸까지 아프고, 엎친 데 덮친 격으로 갑상선암 진단을 받고 말았습니다. 남편은 그제야 달라지기 시작했습니다. 이러다가 '이혼당할 것 같은' '아내를 잃을 것 같은' 부담감이 생기면서 조금씩 아내의 편에 서기 시작했지요. 하지만 여전히 중간에서 어찌할 바를 몰라 하고 있습니다. 그러는 동안 지희 씨의 마음의 상처는 더 깊어만 갑니다. 이 부부는 지금 상담을 통해 조금씩 부부 관계의 역할을 되찾아가는 중입니다.

부부 둘이었을 때는 동등하게 관계를 맺어나가던 사람들이 집안의 역할을 부여받으면서 갈피를 잡지 못하거나, 역할 문제에 시달립니다. 행복하기 위해 결혼했고, 자신의 단란한 가정이 우선되어야 하는데, '집안의 역할을 잘하려다 보니' 내 가정은 뒷전이고, 내 행복은 멀리 놓쳐버린 것이지요. 이처럼 결혼 전 맺어 온 부모와의 관계 문제로 인해 부부 생활이 크게 흔들리거나 영향을 받는 일이 비일비재 합니다. 상담실에 찾아오는 부부 갈등에 커다란 요인이 되지요. 이런 일로 부부 싸움을 하면, 부부는 당면한 문제에 초점을 맞추지 못하고, 갈등의 폭을 쉽게 넓히게 됩니다. '당신 집안'을 운운하면서 배우자를 비롯한 배우자 집안 전체를 공격 대상으로 하여 싸우기 쉽습니다. 이성적으로 토론할 수 있는 문제를 감정적으로 토로하게 되어 서로의 마음에 생채기를 남깁니다. 그 싸움은 결국 상대방을 '도무지 이해할 수 없는 사람' 이라는 섣부른 단정만 남길 뿐입니다. '과연 이 사람과 한 평생 살아갈 수 있을까? 내가 이 집안에서 제대로 살아갈 수 있을까?'란 부정적인 의문과 함께 말입니다.

부부는 무엇보다 한 사람에게 쏠린 관계망을 풀어나가야 합니다. 결혼은 현실적으로 양쪽 집안과의 만남이 되기도 하지만, 기본적으로는 부부 두 사람의 만남입니다. 두 사람이 중심이 되어 결혼생활이 이루어져야 하지, 누군가가 어느 한쪽 집안에 흡수되어지는 것이 아닙니다. 새로운 가족이 탄생하는 것입니다. 그렇기에 지금의 부부 관계가 정상적이지 않고, 주객전도된 상황(자기 가정이 아닌 원가정에 더 집중하는 상황)임을 함께 인지하고 부부 중심의 관계로 고쳐 나가야 합니다.

'며느리들은 다들 이렇게 한다' 식의 관습적 통념으로 현재 부부 관계를 평가하고 유지하려 해서는 안 됩니다. 가부장적인 문화와 현대 생활 패턴 사이에서 많은 며느리, 혹은 여자(물론 반대의 경우도 있지만)들이 묵묵히 참고 있습니다. 지희 씨의 경우도 마찬가지이고요. 갈등을 수면 위로 끌어올리지 않았을 뿐이지 결코 정상적인 상황은 아니지요. 부부 중 한 사람이 고통을 받고 있고, 무엇보다 친밀감이 말라가고 있으니까요.

부부 사이에는 지지와 격려, 감정적 공감이 무척 중요합니다. 부부 중 한 사람이 외로움과 힘겨움을 호소한다면, 들어주고, 이해해주고, 공감함으로 곁에 나의 편이 있다는 든든함을 충족시켜 주어야 합니다. 부부 관계에서 정서적 지지가 이루어진다면, 당면한 문제들을 생각보다 쉽게 해결해갈 수 있습니다. 함께하면 강해지는 것이 부부입니다. 또 함께하려고 만난 두 사람임을 잊어서는 안 됩니다.

효자 남편, 효녀 아내랑은 못 산다는 말

참 이상한 말입니다. 효자, 효녀는 우리 문화에서 매우 소중한 덕목입니다. 노인을 공경하고, 부모의 노고에 대해 감사하는 맘을 갖게 해주는 도덕이며, 사회 질서를 온건히 유지하게 하는 큰 틀입니다. 그런데 이 '효'란 덕목이 결혼생활에만 오면 애물단지 취급을 받습니다. 정말 '효'의 문제일까요? 많은 부부들이 배우자의 단점에 대해 말할 때 "너무 효자(혹은 효녀)"라고 털어놓습니다. 당연하게도 이것은 결코 칭찬이 아닙니다. 이 시대의 효자, 효녀들이 어쩌다 이렇게 애물단지가 되었을까요?

결혼을 하면서 부부 각자는 부모로부터 분리되어 자신만의 가정을 꾸려나갑니다. 좋았든 싫었든 간에 가정을 꾸리면서 부모는 각자에게 애틋한 존재로 남게 됩니다. 함께 살았을 때의 부딪힘은 결혼이라는 분리로 자연스럽게 형성된 거리로 인해 줄어들기에 (과거의 앙금은 밑바닥에 가라앉아) 사이는 좀 더 좋아질 수도 있습니다. 늙어가는 부모님의 모습으로 인해 마음이 저릿해지고, 챙겨 주고 싶은 마음이 드는 것은 누구나 경험하는 일일 것입니다.

미애 씨와 공진 씨는 서로 다른 방으로 들어갔다. 부부 싸움이 생기면 늘 이런 식이다. 도무지 좁혀지지 않는 의견 차이에 서로 등을 돌려 버린다. 아이러니하게도 미애 씨와 공진 씨는 서로 이렇게 싸우는 이유를 너무도 잘 이해하고 있다. 두 사람의 모습이 매우 닮았기 때문이다.

연애 시절, 미애 씨는 여느 남자답지 않게 자기 부모님과 사이가 좋은 공진 씨가 매우 마음에 들었다. 결혼하면 그 사근사근한 성격으로 우리 엄마도 잘 챙기겠구나 싶었다. 공진 씨도 마찬가지였다. 미애 씨가 엄마를 생각하는 마음이 요즘 사람들과 달리 살뜰해서 남달라 보였다. 결국 그런 모습들을 매력으로 느껴 두 사람은 결혼까지 하게 된 것이다.

공진 씨의 아버지는 소위 말하는 한량이었다. 사람만 좋지 경제적으로 무책임해 생계를 꾸리는 것은 어머니의 몫이었다. 공진 씨에게 엄마란 존재는 '너무도 불쌍한 사람'이었다. 미애 씨의 경우, 아버지가 일찍 돌아가셔서 엄마가 홀로 미애 씨를 키워 냈다. 고생하는 엄마를 보고 미애 씨는 '내가 크면, 엄마를 행복하게 해줄 거야'란 결심을 가슴에 품고 살았다.

그런데 현실은 기대처럼 움직여지지 않았다. 두 사람은 결혼하고 매번 부딪히는 부분이 바로 '우리 부모님에게 얼마나 더 잘하냐'의 문제였다. 생신 때 어떤 선물을 할 것인가? 용돈을 얼마나 드릴 것인가? 얼마나 자주 찾아뵐 것인가? 이 모든 것이 갈등의 소재가 되었다. 어느 순간부터 두 사람은 항상 자기 부모에게 얼마나 하느냐에만 촉각을 곤두세우고 있었다. 이렇다 보니 거의 매주 각자의 집을 순회하듯 찾게 되고, 두 사람의 생활은 없어져 버렸다. 이러려고 이 사람과 결혼한 것이 아닌데…. 미애 씨와 공진 씨는 각자의 방에서 좁혀지지 않는 마음의 거리만 곱씹은 채 오늘도 갈등하고 있다.

두 사람 다 서로에게 상처를 주는지 전혀 모르는 채 상처를 받기만 한다고 생각해 불만이 쌓인 상태였습니다. 싸움 끝에 두 사람은 '각자 부모와 거리를 좀 두자'란 방법을 제안했지만, 쉽게 지켜지지 않았습니다. 아주 사소한 챙김이라도 발각되면 감정적인 손상을 입어 싸움으로 번져갔지요. 싸우기 위해 효도하는 것이 아닌데, 왜 이렇게 각자 부모 챙김에 민감해졌는지 두 사람도 모를 일입니다.

결국 이 부부의 갈등은 상황을 보다 못한 부모들이 나서서 교통정리를 해주었습니다. "우리를 챙겨줄 필요 없다!"란 선언으로 말이지요. 울며 겨자 먹기로 상황은 정리가 되었지만, 마음은 참 후련하지 못합니다. <u>부부의 문제를 부부 스스로 해결한 것이 아니기 때문이지요.</u> 그나마 이 집은 부모들이 자녀들의 행복을 가장 우선으로 여겼기 때문에 그것이 가능했습니다. 서로 싸우지 말고, 부모를 챙기는 것을 줄이라고 부모가 스스로 나서서 권유했으니까요. 하지만 현실에서는 이런 상황을 꿈꾸기는 어렵습니다.

이런 싸움은 누가 더 우선인가의 문제 때문에 생깁니다. 결혼을 하면 배우자가 그 누구보다도 자신을 중요하게 여기고 이해해주길 원합니다. 부모를 향한 자신의 마음도 도덕적으로는 너무도 당연하고 옳기 때문에 이 역시도 자연스럽게 배우자가 함께하고 이해해주길 원하는 것이지요. 가족이나 배우자보다 부모가 우선되는 것까지도요. 만일 부부가 이 부분을 서로 동의한다면 갈등 요인이 안 되겠지요. 그런데 결혼했다는 것 자체를 이미 이것에 동의한 것이라고 여기는 사람들이 많습니다. 배우자는 그렇게 생각하지 않을지도 모르는데 말이지요. 그렇다 보니 한쪽 부모에게 치중된다고 느껴지는 상황이 되면 나를 덜 중요하게 여긴다고 보고 싸울 태세를 갖춥니다. 상대의 부모한테 한 만큼 자신의 부모에게 어떻게 대하는지를 기브 앤 테이크(give and take)로 계산하게 되지요.

이 경우 항상 싸우는 내용은 같습니다. 두 사람의 부모 챙김을 평형 저울에 올려놓고, 기울어진다는 것에 대해 다투는 것이지요. "왜 더 잘해주느냐?", "똑같이 하려면 이렇게 해야 하지 않느냐?"의 문제로 싸우게 됩니다. 이때만큼은 서로 사랑했던 상대의 효가 그렇게도 답답하게 느껴질 수 없습니다. 상대편의 생각이 도무지 이해되지 않습니다. 특히 미애 씨와 공진 씨처럼 부모가 고생하면서 자신을 키웠다고 여길 때는 더욱 엄격하게 저울질합니다. 부부 관계는 함께 걷는 길이 아니라, 서로의 몫을 더 많이 빼앗아야 하는 경쟁 관계처럼 변모하게 됩니다.

이러한 부부들은 <u>자신들이 결혼을 했음에도 부모의 인생을 보상해주려는 마음으로 아직도 자식 자리에 머물러 있음</u>을 알아야 합니다. 어쩌면 결혼 자체를 부모의 인생을 보상해주려는 창구나 도구로 보지는 않았나요? 부모가 우선되고 배우자가 뒷전으로 밀려나는 일이 자주 있다 보면, 부모 이야기만 나오면 감정이 격앙되어 싸움으로 끝나기 쉽습니다. 때로는 아주 엉뚱한 말들이 싸움을 크게 만들기도 합니다. "남편(아내)은 다시 구할 수 있지만, 부모는 그럴 수 없다" 같은 말로 말이지요. 이처럼 갈등이 심각해지면 극단적인 흑백논리가 등장하게 됩니다. 부부 스스로 갈등을 '이것 아니면 저것'의 선택의 문제로 만들고 있지는 않은지 점검이 절실합니다.

때론 효의 연장선으로 형제, 자매와의 관계에서도 좋은 모습을 유지하려는 배우자도 많습니다. 자신의 부모들에 대한 애틋함이 묻어나는 것처럼 자신의 형제자매들에 대한 관심도 지나쳐서 항상 뭔가를 챙기려다 보니 배우자에게는 '누구의 식구들로 움직이는 것'이 부담이 되고 어색할 수 있습니다. 이러한 싸움의 내용은 <u>'우리끼리'</u>입니다. 부부가 '우리'를 규정하는 경계선이 서로 다르지요. 어떤 배우자에게는 우리 식구가 '배우자와 아이'이지만, 어떤 배우자에겐 '자기 부모와 형제, 자매'들을 포함해야 '우리'가 됩니다.

　이렇게 확대 가족을 '우리'에 포함시키다 보면 가장 소중한 (핵)가족이 제일 뒷전에 밀리게 되는 것을 간과하게 됩니다. 가장 소중한 배우자나 자녀들은 챙김을 받기보다, 참아야 하고 양보해야 하는 역할을 해주기를 강요당하고 있는 셈입니다. 모임 장소나 날짜, 음식 메뉴, 뭐하고 지낼 것인가 등등의 결정권도 당연히 어른들이나 형제자매들에게 있지요. 사촌 조카의 요구와 자녀의 요구가 상충하는 상황이면? 당연히 자녀의 요구는 묵살됩니다. 결국 '가장 소중한 배우자나 자녀'는 자신의 효를 위한 뒷바라지 역할을 할 때만 만족스럽고 예뻐 보입니다. 이로 인해 상처 받고 불만이 생길 수 있다는 것을 한 번쯤은 돌아봐야 합니다. 어쩌면 이것은 '나의 이미지'를 위한 이기적인 행동이지 않을까요? 나의 가족이 내가 돌봐야 할 가족이지, 나의 후견인이 아님을 기억해야 합니다.

부부 살림의 경제적인 경계는
어디까지일까?

부부를 뒤흔드는 바람은 안팎 어디서든 불 수 있습니다. 부부 관계, 혹은 집안의 일에서 갈등이 불거질 수 있고, 바깥일이 힘들어져도 부부 사이가 흔들릴 수 있습니다. 요즘 같은 자본주의 사회, 소비중심 사회에서 경제력은 부부에게 아주 확고한 문제가 됩니다. 경제력의 상실은 가족의 생존을 위협하기도 합니다. 가까울수록 돈 문제로 엮이면 안 된다는 말이 괜히 나온 것이 아닙니다. 우리의 삶에 경제력은 매우 큰 자리를 차지하고, 부부의 삶을 꾸려나가는 중요 요소이기 때문입니다.

이 경제적인 문제 때문에 속을 끓이는 부부들이 많이 있습니다. 위태로운 경제 상황으로 고용이 불안정해지면서 가정에도 위기의 파도가 몰려옵니다. 중년의 이혼, 가장인 남자들의 우울에는 사회적 지위의 손상, 그리고 경제적 능력의 미약함이 크게 작용합니다. 경제력은 다른 집과의 상대적인 비교로 이어져, 더 벌든 덜 벌든 부부에게 불만족감을 줍니다. 부부 사이에 별다른 불만이 없는데, 경제적 위기란 외풍으로 인해 가정이 조각나는 경우를 무척 많이 봅니다. 경제적인 요건이 중요해지는 만큼 부부 간에 이로 인한 갈등도 늘어나고 있지요.

미라 씨는 전화를 끊고도 한동안 분을 삭이지 못했다. 또 이런 일로 전화를 받게 되다니. 결혼한 지 벌써 9년이고 아이들은 초등생, 유치원생이 되었다. 이때까지 시누이에게 이런 전화를 받게 될지는 몰랐다. "돈 빌려줘서 고마워. 올케. 덕분에 숨통이 트였어." 미라 씨는 당황스러움을 감추고 대충 얼버무려 전화를 끊었다. 숨통이 트였다고? 미라 씨 숨통이 막힐 판이다. 당연히 이번에도 남편에게서 누나에게 돈을 빌려줬다는 이야기는 들어 보질 못했다.

신혼 초부터 시누이와 돈 문제로 엮이기 시작했다. 돈을 빌리는 구체적인 이유도 미라 씨는 듣지 못했다. 매번 남편에게서 돈을 빌려가고, 미라 씨가 남편에게 항의하면 "누나가 너무 힘들어서 빌려줬다."는 답만 돌아왔다. 미라 씨는 더 이상 참을 수가 없었다. 무려 9년이다. 9년간 시댁 식구들에게 들어간 돈이 얼만지 셀 수도 없다. 그때마다 미라 씨와 별다른 의논도 하지 않고 큰돈을 빌려주었다. 그런 남편을 미라 씨는 이제 더는 이해할 수가 없다.

문제는 가끔 시댁 형제들에게 가보면, 우리보다 돈을 더 잘 쓰고 잘 지낸다는 것이다. 빌려간 돈을 갚을 생각이 없고, 에둘러 물어보면 시누이의 눈빛부터 싸늘하게 변한다. 보험을 하는 둘째 시동생은 새로운 보험이 나왔다며, 늘 '당연하게' 보험 가입을 요구한다. 미라 씨는 입이 바싹 마르는 것 같다. 아이들은 점점 자라는데 우리 집의 미래가 불안하게 느껴지는 것은 어쩔 수가 없다. 만일 우리 집에 무슨 일이 생기면 그들이 우리처럼 도와줄까? 질문의 답은 늘 똑같다. 미라 씨는 진지하게 이혼을 생각해보고 있다.

영철 씨는 요즘 아내와 대화하기가 싫다. 아니 집안일에 개입하기가 싫다. 이것은 우리 집안이 아니라 아내 집의 집안이나 마찬가지니까. 처음부터 시작이 잘못되었던 것을 인정한다. 바지런히 취업한 영철 씨지만, 결혼할 때가 되니 준비자금이 넉넉지 못했다. 아내는 귀하게 자라서 없는 살림으로 결혼생활을 시작하는 것은 꿈도 안 꿀 사람이다. 결국 넉넉한 아내 집안의 경제적 도움을 받아, 집도 얻고 살림살이도 장만해 결혼을 했다. 물론 영철 씨의 돈도 들어갔지만, 아내 집의 도움이 큰 것은 부정할 수 없는 사실이다.

살면서 아내에게, 그리고 처가에 잘해야지 하고 생각했었다. 그런데 이런 영철 씨의 다짐은 곧 허탈한 무력감으로 변해버렸다. 장인어른과 장모님은 영철 씨의 집에 아무 때나 찾아오고, 두 사람이 내려야 할 크고 작은 생활 문제에 관여하기 시작했다. 영철 씨는 무척 당황했지만, 딸을 아끼는 마음에서 그랬겠거니 하고 이해하려 했다. 하지만 처가 어른의 관여는 점점 심해져, 마치 자신이 딸의 액세서리 같은 느낌이 드는 경우도 많다. 영철 씨와 아내, 장인 장모가 함께 둘러앉아 밥을 먹어도 집의 주도권이 두 어른에게 있음이 느껴진다. 엄연히 둘의 가정인데도 식탁에서 영철 씨의 말수는 점점 줄어갔다.

돈에 관한 문제에서 우리는 문화정서상 드러내놓고 말하는 것을 꺼립니다. 당연히 빌려준 돈을 받을 때도 자칫 "매정하다"는 소리를 듣기 십상입니다. 특히나 가족 관계에서는 더더욱 조심스럽습니다. 그렇기에 부부 간에 돈에 대해서는 미리 의논하고 구체적인 경계와 그림을 함께 정하는 것이 반드시 필요합니다. 현실에서 많은 부부들이 이런 문제를 자주 의논하지 않습니다. 말한다고 동의를 해주지 않을 거라 미리 예견되고, 막상 말하더라도 서로 매우 껄끄러워지는 상황이 생기기 때문입니다.

미라 씨는 남편이 시댁과 경제적인 선을 분명하게 그었으면 하고 바랍니다. 하지만 남편은 자신이 경제적인 경계를 어느 정도는 지키고 있다고 생각합니다. 자신의 가정에도 생활비를 꼬박 가져다주고 있기 때문이지요. 미라 씨가 자신과 의논하지 않고 경제적 문제를 결정하는 남편의 행보에 깊은 불신을 가지고 있는지는 아마도 모르고 있을 겁니다. <u>부부가 각자 경제적인 사안을 어떻게 바라보는지 함께 논의하는 과정이 필요합니다.</u> 남편은 지금 행복하고, 문제가 없으면 되는 정도로 경제적 사안을 보고 평가한다면, 미라 씨는 미래에 대한 준비와 우리 가족만의 경제권을 보호하기를 원하지요. 이러한 차이를 좁혀나가는 노력은 매우 중요합니다. 무를 자르듯, 경제적인 문제를 단순하게 나누기는 현실적으로 쉽지 않습니다. 불가능한 상황도 생기기 마련입니다. 하지만 그 모든 상황에서 부부가 중심이 되는 판단을 해야 합니다. 그래야 경제적 외풍을 맞게 되더라도 부부가 가정을 지탱해낼 수 있습니다. 지금처럼 남편 혼자 독단하듯이 결정을 내리는 형국이라면, 경제적 상황이 불안정한 사회에서 부부 관계는 물론 가정 자체도 살얼음판을 걷는 것처럼 위태로울 수 있습니다.

부부는 함께 '우리의 경제적 경계'를 결정해야 합니다. 문제는 '우리'를 규정하는 경계선이 다르다는 것입니다. 어떤 사람은 '배우자와 아이'까지가 우리이고, 어떤 사람은 '배우자, 아이, 부모님, 형제자매'까지가 우리입니다. 친가, 외가 식구들이 모이면, 무조건 한 집에서만 그 비용을 부담하는 것은 배우자에게 모임을 꺼리게 만들 것입니다. 상황에 따라, 사안에 따라 '우리'를 어떻게 결정할지를 서로 협의해야 합니다. 이를 테면 외식과 생일 같은 사안은 '배우자와 아이'의 우리로, 여행, 휴가 같은 사안은 우리끼리 혹은 좀 더 넓은 우리로 하자는 식의 부부 간 소통입니다. 분명한 것은 경제적인 경계를 부부끼리도, 다른 가족들에게도 인지시켜야 한다는 것입니다. 지극히 당연하게 전제된 부분이기 때문에 감정적으로 봐서는 안 됩니다. 부부가 꾸린 가정에서 경제적 독립과 경계는 필요한 것이니까요.

영철 씨의 고민이 깊어지는 것에 매우 공감합니다. 경제적인 도움을 받았기에 부모님은 심리적 보상처럼 '내 자식의 가정에 관여해도 된다'는 생각을 가지고 계신 듯합니다. 현실적으로 부모의 도움이 없었다면 결혼이 가능하지 않았을 것이기에 영철 씨의 고민이 얼마나 어려울지 짐작해볼 수 있습니다. 영철 씨가 참다못해 불만을 말하면, 아내는 '돈을 주는데 그것도 못 참냐'는 반응이고, 주변에는 배부른 고민이라는 소리만 되돌아왔다고 합니다.

부모가 귀하게 키웠다고 여기는 자녀일수록 부모의 경제적인 도움을 당연하게 생각하거나 의존하려는 태도를 더 보일 수 있습니다. 그 이유는 뒤에서 더 다루겠지만, 이것은 어른이 되었음에도 아이로 남아 있으려는 유아적인 심리입니다. 부모의 도움으로 시작했다면, 얼른 경제적 독립을 구축해 도움을 감사히 돌려주려는 자세가 성숙한 어른의 태도입니다. 영철 씨의 아내분이 아직도 부모의 어린 자녀로 살아가려고 하는 것은 아닌지 살펴볼 필요가 있습니다.

지속적으로 부모에게 생활비나 경제적인 도움을 받기 시작하면 동시에 옵션처럼 따라오는 것이 '관심'입니다. 부모의 관심은 지나치면, 자칫 자녀 부부에게는 간섭이 될 수 있습니다. 부모 역시 자식의 가정을 존중해주어야 합니다. 이 점을 염두에 두고, 자녀 부부는 먼저 마음으로 독립을 결심하고, 경제적인 독립을 준비하고, 경제적 도움들을 서서히 줄여 나가야 합니다.

30대 초반의 성주 씨는 남편과 7살 차이가 난다. 그런데 남편은 성주 씨가 바깥에 돌아다니는 것을 무척 싫어했다. 성주 씨는 집안일만 하며 살기가 너무 답답해 스트레스를 풀 겸 인터넷 쇼핑을 하기 시작했다. 무작정 물건을 사다 보니 하루에도 택배가 열 몇 개씩 도착하기도 했다. 성주 씨의 낭비가 심해지자 부부는 택배가 올 때마다 싸우게 됐다. 남편은 성주 씨가 바깥에 나가면 더 물건을 사재낄 거라 여겨 더 못 나가게 하고, 성주 씨는 '못 나가게 해서 스트레스를 풀기 위해' 더 쇼핑하는 웃지 못 할 일이 벌어졌다.

소비 역시 습관이기 때문에 의식적으로 노력하지 않으면 참 달라지기가 어렵습니다. 그렇기 때문에 경제적인 낭비나 경제관의 차이는 이혼의 지름길이 되기도 합니다. 결혼생활은 실생활이기 때문에 경제적인 부분이 차지하는 비중이 큽니다. 어느 한쪽이 과하게 지출하기 시작하면 그 이유야 어쨌든 생활에 타격을 주기 때문에 상대방을 불안하게 만들어 갈등이 생길 수밖에 없습니다. 게다가 인터넷쇼핑 중독, 홈쇼핑 중독처럼 요즘은 소비가 단순히 습관의 문제가 아니라 '허전함'을 채우려는 수단이 되기도 합니다. 때문에 부부 사이의 심리적인 구멍을 인정하고, 이를 적극적으로 찾아 해결하려는 자세가 필요합니다. 이를 부부 싸움으로 해결하려 하기보다 되도록 제3자의 관점에서 바라볼 수 있는 기회(전문기관 방문)를 갖는 것이 더욱 좋습니다.

친구를 너무 좋아하는 남편(아내),
친구를 질투하는 아내(남편)

많은 커플들이 싱글로 자유로운 삶을 살다가 결혼을 하게 되면 부부라는 관계가 자칫 족쇄처럼 느껴지는 순간이 있다고 고백합니다. 싱글 친구들에게 농담반 진담반으로 "결혼은 인생의 무덤이야. 너라도 하지 마라. 좋은 시절 다 간다."라고 조언한다고 이야기합니다. 결혼 전 혼자였을 때의 자유로움도 좋겠지만 부부가 되어 가정을 꾸려나가는 행복감도 무척 소중합니다. 그런데 결혼 후에도 싱글 때의 취미와 친구를 그대로 변함없이 유지하려다 부부 간 갈등을 겪기도 합니다. 부부 생활도 좋지만, 친구들과의 관계나 자신의 취향을 아예 무시하고 살 수는 없는 노릇이니까요. 이렇다 보니 친구 문제로 부부 싸움이 벌어지기도 합니다. 혹은 결혼하고 나서 친구를 포함한 인간관계가 갑자기

잘려 나가게 되기도 합니다. 그렇다면 혼자일 때와는 다른 부부의 생활을 잘 받아들이고 자신의 인간관계도 잘 유지하는 것은 불가능한 일일까요?

동호 씨는 방금 걸려 온 친구의 전화를 바깥에 나가 받았다. 왠지 집에서 친구의 전화를 받기가 눈치 보이기 때문이다. 연애 시절, 동호 씨는 아내와 친구들과 함께 자주 어울렸다. 아내와 둘만 만난 적은 거의 없었다. 처음엔 둘만 만나는 것이 어색하기도 했기에 친구와 함께 어울리는 것이 더 편했다. 아내도 별 불만이 없을 거라고 생각했다. 동호 씨는 나름대로 친구 관계가 좋은 것에 대한 자신감도 있었다. 사회성도 좋고 밖에서도 활달하단 소리를 들어왔다. 자신을 대체로 이해해주는 아내였는데, 최근 들어 부쩍 친구와 만나는 약속에 민감해하고 얼마 전에는 술 약속으로 큰소리로 싸우기까지 했다.

윤하 씨는 친구를 좋아하는 남편을 성격이라 생각하고 이해하려고 노력했다. 연애 때부터 남편은 툭하면 친구를 불러냈다. 일부러 싫은 티를 낸다고 했는데, 남편은 도통 모르는지 아니면 일부러 모르는 척하는 건지 대판 싸워야만 단둘이 데이트를 했다. 남편에게 친구는 마치 '신성한 영역'과도 같아 보였다. 초등학교 때부터 4총사로 지냈다나 뭐라나. 어려울 때 도와주고 편하게 술도 마시고 격식 없이 지내도 알아서 잘 이해해줘서 이런 친구들이 없다고 한다. 남편이 이렇게 친구 타령을 할 때 윤하 씨는 울화가 치민다. 연애 때도 친구 때문에 한 번 헤어진 적이 있었다. 결국 남편이 친구 만남을 줄이겠다고 다짐해서 다시 사귀게 됐는데… 결혼하고도 달라진 것이 없다. 수시로 친구들이 불러내면 나가는 것은 변함이 없었다.

동호 씨와 윤하 씨는 설마하니 친구 문제로 자신들이 이혼까지 가게 될 거라고는 생각을 하지 못했습니다. 하지만 동호 씨의 달라지지 않는 친구 만남의 패턴은 윤하 씨에게 결혼생활의 종지부를 찍는 결심까지 하게끔 지치게 만드는 요인이 되었습니다. 상담을 해보니 동호 씨의 친구 관계에 대한 윤하 씨의 불만은 아주 오래전부터 있어 왔습니다. 동호 씨가 마치 '신성한 영역'을 대하듯 윤하 씨에게 친구에 관한 것은 건드리지 말라는 태도를 보이는 것이 부부로서 윤하 씨를 무시하는 처사라고 여겨졌던 것입니다. 부부의 애착 관계보다 친구 관계가 더 중요하다는 신호로 느껴졌지요.

그러다 보니 두 사람의 싸움은 항상 같은 내용의 반복이었습니다. "친구가 더 중요하냐, 결혼생활이 더 중요하냐!"의 구도가 되어 늘 다투었지요. 동호 씨는 동호 씨 나름대로 억울한 부분이 많았습니다. 4총사 중에서 가장 먼저 결혼하게 되어 가정이 생긴 동호 씨의 처지를 이해해주는 친구들이 거의 없었습니다. 그리고 주변의 부부들을 보면, 부인이 남편의 친구 모임은 그대로 존중해주는 경우가 훨씬 많았습니다. 직장생활의 스트레스를 푸는 데 친구가 큰 역할을 하는데도 아내는 그것을 이해할 수 없다고 호소했지요. 만약 아내가 원한다면 함께 어울려도 좋다고 생각했다고 합니다. 그런데 윤하 씨는 너무도 완고하게 친구 만남을 줄이기를 원했습니다. 동호 씨는 사회생활을 하지 말고 집에만 있으라는 건가 싶은 생각이 들어 아내에게 서운한 마음이 들었다고 합니다.

두 사람이 헤어지게 된 결정적인 계기는 바로 윤하 씨의 출산입니다. 윤하 씨는 그래도 아이가 생기면 동호 씨의 친구 만남이 좀 줄어들 것을 기대했다고 합니다. 주변에서 "남자들이 다 그렇다. 아이가 생기면 가정에 더 충실할 것이다."라고 이야기해주었기 때문이지요. 그런데 동호 씨는 윤하 씨가 산후조리원에 있을 때도 친구가 부르면 만나러 나갔습니다. 윤하 씨가 산후우울증에 시달리고 있는지도 모른 채 말입니다. 결국 두 사람의 부부 싸움은 격렬해지다 폭발해버렸고, 이혼까지 가게 된 것입니다.

두 사람 모두 결혼하고 나서 결혼 전 인간관계를 재정립하지 못하여 갈등이 폭발하고 말았습니다. 많은 부부들이 결혼 후 기존 인간관계를 어떻게 유지할지를 고민합니다. 결혼을 하면 부부는 서로에게 좀 더 집중하여, 부부를 중심으로 관계를 재정립해야 합니다. 앞서도 언급했지만, 함께하기 위해 결혼한 부부이기 때문입니다. 서로에게 집중을 하면 관계는 자연스럽게 재정립이 됩니다. 그것은 원 가족과의 관계도 해당되고, 친구들과의 관계도 해당됩니다. 하지만 모든 일이 그렇게 자연스럽게만 흘러가지는 않지요. 동호 씨와 윤하 씨처럼, 주변 사람들이 부부의 관계 재정립을 도와주지 않는 경우도 꽤 있습니다. 그렇기에 부부 스스로 관계의 재정립이 필요함을 인식하고 적극적으로 협의해가야 합니다.

분명한 것은 가정을 꾸리면서 친구 관계 패턴을 그대로 가져가기 시작하면 부부 갈등을 피할 수 없다는 것입니다. 인간은 자신의 관계를 소화할 수 있는 한계가 있으니까요. 특히 부부라는 관계는 에너지를 많이 써야 하는 관계입니다. 신혼 초에는 더더욱요. 결혼 후 부부라는 관계 속으로 들어간 두 사람은 서로에게 집중하기가 어색하기도 하고 힘이 듭니다. 전과 같은 듯 달라진 관계의 두 사람은 서로에게 집중하기보다는 주변 사람들이 달라진 자신을 변심으로 받아들일까 봐 걱정하기도 합니다. 그렇기에 지금이 관계에 있어서 약간의 혼란기(과정)임을 받아들이고, 자신과 배우자가 관계를 맺어온 방식, 관계의 무게 등을 함께 알아가야 합니다.

그렇다고, 친구는 이제 만나지 말고, 가정에만 올인하라는 식의 접근은 거부감부터 먼저 생기지요. '하나만 선택해라'는 식의 접근은 관계의 유연함을 없애고, 준비되지 않은 마음이면 오히려 부부 관계에 충실하지 못하게 만들 수 있습니다. 어떤 사람도 하나의 관계만으로 살아갈 수 없습니다. 자연스럽지 못한 관계는 오래 유지도 안 될뿐더러, 반작용으로 예상치 못한 후폭풍을 가져올 수도 있으니까요. 부부는 배우자의 관계 반경이 자신과 다르다는 것을 인정하는 것이 필요합니다. 자신과 배우자가 함께 용인할 수 있는 범위에 대해 끊임없이 협의하고 이해하는 노력을 기울어야 할 것입니다.

동호 씨와 윤하 씨 역시 이러한 노력을 기울이지 않은 것은 아닙니다. 매서운 부부 싸움 후 두 사람은 반성의 시간도 갖고 주변 인간관계 문제에 대해 논의도 많이 했습니다. 부부의 관계를 해치지 않는 범위 내에서 동호 씨의 친구 만남을 유지하기로 결정했지만, 문제는 역시 주변에서 이러한 부부의 결정을 도와주지 않았다는 것입니다. 그렇기에 주변 사람들에게도 부부의 결정을 효과적으로 알리는 것이 필요합니다. 자신의 의견을 친구들에게든, 원 가족에게든 오해 없이 알리는 노하우도 필요할 것입니다. 물론 그렇더라도 부부의 모습을 변심으로 받아들이는 친구도 있을 것입니다. "결혼하니까 달라졌네. 우정이고 뭐고 다 필요 없구만." 식의 말로 마음이 편치 않는 경우도 생길 것입니다. 하지만 분명한 것은 관계는 변화해나가며, 변화할 수밖에 없다는 것입니다. 상황에 따라 유연하게 관계도 움직여야 건강합니다. 상황은 달라졌는데, 억지로 기존 관계를 유지하려는 것은 부부 관계를 깨트리는, 원치 않는 결말을 가져올 수 있음을 알아야 합니다.

부부가 부모가 되는 순간, 갈등이 폭발한다

어떤 부부는 '둘 사이의 문제는 전혀 없다. 그런데 아이 얘기만 나오면 우리는 싸운다'면서 아이를 부부 싸움의 원인으로 말합니다. 아이가 생기기 전까지 너무 알콩달콩 잘 살았다며 말입니다. 부부의 불화가 심해지는 시기는 부부 사이에 아이가 생기고, 부모의 역할이 부여되는 때입니다. 아이가 태어났다는 감동과 기쁨도 잠시, 육아라는 현실적인 숙제가 부부 앞에 놓입니다. 주로 육아를 엄마가 도맡던 과거와 달리, 지금은 아빠의 역할과 아빠 육아도 강조되기 때문에 순식간에 늘어난 부모 역할과 가치충돌 앞에 부부는 혼란을 겪게 되지요.

부부 단둘이 있었을 때는 간단히 내렸던 결정들도, 아이가 생기면서 좀 더 신중해지고, 무엇보다 눈코 뜰 새 없이 일과가 바빠지기 때문에 제대로 소통할 여유가 없어집니다. 맞벌이 부부의 경우는 더욱 그러하지요. 부부는 서로 사랑하는 배우자보다도 '아이를 키우는 파트너'처럼 되어갑니다. 정서적인 관계가 말라가면서 갈등도 더 커지고, 갈등을 해결하는 방식도 매우 거칠어집니다. 그로 인해 잘 풀어갈 수 있는 일도 싸우게 되는 상황들이 많아지지요. 참 애석하게도 아이로 인해 관계의 친밀도가 가장 커질 시기에, 부부 관계의 친밀도는 낮아지게 되는 것이지요.

육아로 인한 스트레스로 부부의 마음은 시들어갑니다. 이때 아이를 재운다는 명목으로 각 방을 쓰기 시작한 부부가 끝까지 합방하지 않고 각자 생활로 정착하게 되는 경우가 결코 적지 않습니다. 이이 문제로 옥신각신하는 일도 잦아지고, 모든 것에 아이가 우선하게 되어 부부의 생활이 뒷전으로 밀려나기 일쑤이지요. 결국 아이 문제로 크게 다투어 부부 갈등을 겪게 되고, 그 부부 불화 때문에 상담까지 오게 되는 일이 늘어납니다.

당신, 아이의 공부에 목숨 거는 부모였어?

우리나라는 누가 뭐래도 아이의 공부에 대한 중요도가 엄청나게 높습니다. 많은 부부들이 자녀의 학습 성취도에 따라 미래가 결정된다고 믿고 있습니다. 부부 중 누가 더 아이의 학습을 더 중요하게 여길까요? 아내 쪽이 아이 공부를 실제적으로 책임지는 경우가 많아서 기대도 아내

쪽이 더 많은 것 같습니다. 그렇다고 남편도 아이 공부에 관심이 없는 것이 아닙니다. 부부 둘 다 학습을 중요하게 여기면 사실 갈등이 생길 이유가 없겠지요. 이 역시 서로의 온도 차이가 있기 때문에 생깁니다.

아들을 둔 한 부부는 아들 이야기만 나오면 목소리가 높아집니다. 아들이 학령기가 되면서 아내가 아이의 공부에 많은 신경을 기울이며 부부는 다툼이 잦아졌습니다. 부부는 가족의 행사나 여행이 대폭 줄어들고, 외식도 한번을 자유롭게 하지 못했습니다. 아들의 학원 스케줄, 시험 일정, 보충 일정에 맞춰 이 모든 것을 해야 했기 때문이지요. 아내는 아들의 공부 스케줄에 따라 집안일을 결정하기 일쑤였습니다. 남편은 그런 아내를 극성맞다며 못마땅하게 여겼죠. 어쩌다 시간을 맞춰 가족 모임을 하더라도 부부의 대화는 아이 중심으로만 흘러갔습니다. 아내가 교육비로 지출이 많다 보니 생활비는 항상 부족하게 됐습니다. 남편은 구멍 난 장독에 물을 붓는 맘이 들어 천근만근의 심정으로 출근을 합니다. 아들의 공부 중심인 아내와 자꾸 다투다 보니 집안의 분위기는 더욱 얼어붙었습니다. 남편은 교육비를 위한 돈 버는 기계가 된 것 같아서 일을 해도 재미가 없고, 집은 더더욱 싫습니다. 만일 이렇게 해서 결과라도 좋으면(아들이 좋은 대학에 가면) 다행인데, 그렇지 않으면 남편은 아내에게 오만 정이 다 떨어질 것 같다는 생각이 들었다고 합니다.

드라마 "아내의 자격"에는 아이의 사교육에 목숨을 거는 한 가족이 등장합니다. 부부의 대화는 주로 아이의 학업 상황 체크와 성적이 얼마나 올랐냐이지요. 아이 성적이 조금이라도 떨어지면 남편은 아내를 추궁합니다. "아이 성적이 이 모양이 되도록 당신은 집에서 뭐했어!" 마치 아내의 역할은 아이의 공부 뒷바라지만 있다는 식의 모습이지요. 부부 간의 친밀함이나, 애착은 전혀 느껴지지 않고, 아이 성공을 위해 움직이는 한 팀과도 같습니다. 만일 부부 중 한쪽이 학습보다 인성을 중요하게 여기거나 아이의 능력이 기대치를 만족시켜주지 않을 때는 집안에 갈등이 일어나게 됩니다. 가족의 역할은 사라지고, 부부의 자리도 사라지게 됩니다.

아이의 공부 문제로 갈등을 겪고 있다면 혹시 지금 부부의 자리는 없어지고 부모의 자리만이 존재하는 상황인지 체크해볼 필요가 있습니다. 부모 노릇에만 치중해 있는 사이 부부 각자에게 거는 기대와 친밀함은 접어버리고 그것을 충족해줄 다른 존재를 찾고 있지는 않나요? 그렇게 되면 부부 관계가 좋지 않게 흘러가버리는 것은 자명합니다.

아이의 성적에 온 집안이 들썩이는 것은 결코 바람직한 모습이 아닙니다. 어쩌면 부부 각자에게 '공부'와 관련된 뿌리 깊은 욕구가 자리하고 있는지도 모릅니다. 어쩌면 자신의 존재감을 아이 성적에서 찾으려고 하거나 자식을 통해서 '남에게 두드러져 보이려는 욕구' 때문일 수 있습니다. 아이의 행복한 미래를 원한다면, 성적보다 아이에게 긍정경험과 성취감을 주는 것이 더욱 중요할 것입니다. 그러기 위해서는 가정 분위기가 좋아야 하며 거기에는 좋은 부부 관계가 반드시 따라줘야 합니다. 그런데 아이의 학교 등수나 성적만을 위해 부부의 관계는 물론, 이 사례에서처럼 가정 역시 뒷전이 된다면 이것은 내 사회적 체면과 지위에 맞추어 아이가 따라와 줬으면 하는 비뚤어진 욕구 때문인지 냉정히 살펴봐야 할 것입니다.

만일 아이의 성적에서 자신의 존재감을 찾으려 한다면 그것은 매우 위험한 상태입니다. 아이의 성적이 올라가도 문제고, 떨어져도 문제일 것입니다. 아이의 성적이 올라간다면, 부모인 부부는 자기 유능감을 아이 공부에서 더욱 확인하려 들 것입니다. 그러면 공부와 같은 인지적 성장이 아닌 다른 정서적, 신체적 성장은 상대적으로 소홀해지거나, 부차적인 것으로 여겨질 가능성이 큽니다. 아이가 건강한 성인으로 커나가기 위해서는 공부 말고도 다양한 방면의 성장이 이루어져야 합니다. 부부는 이러한 부분을 쉽게 간과할 우려가 크고, 더욱 부모 자리에만 집착할 가능성이 높습니다. 아이의 성적이 떨어진다면, 부모는 그로 인한 열등감을 감당해야 합니다. 이미 아이 성적과 자신의 유능감을 동일시했기 때문에, 아이의 성적이 떨어졌다는 것을 객관적으로 받아들이기 어렵습니다. 이 열등감을 극복하기 위한 방어기제를 작동시키게 될 것입니다. 그 와중에 가장 중요한 "지금 내 아이의 행복, 내 행복, 우리 부부의 행복"은 뒤로 밀려나거나 억눌리게 될 것입니다.

부모가 된 부부는 아이의 공부와 미래에 대해 많은 대화를 해야 할 것입니다. 하지만 가장 중요한 결정권은 아이에게 있다는 것을 인정해야 합니다. 부부 각자를 움직이는 무수한 역동으로 아이를 내 마음에 맞춰 키우려 해서는 안 됩니다. 부부는 아이를 키우는 데 있어 때로는 협력자, 때로는 경계자가 되어주고, 부부 자신의 삶을 꾸려나가는 것 역시 소홀히 해서는 안 될 것입니다.

부모 역할의 가치관이 달라 싸운다

부부가 아이로 인해 가장 많이 부딪히는 부분은 바로 '아이가 잘못을 했을 때(혹은 부모 눈에 들지 않는 행동을 했을 때) 이것을 어떻게 개입하느냐'입니다. 나는 '따끔하고 무섭게 가르쳐야 잘못을 또 안 한다' 식의 태도인데, 배우자는 '무조건 닦달한다고 해서 해결되지 않으니 왜 그런지 살피고 나독이자'라는 양육관을 가지고 있을 수 있습니다. 그럴 경우 부부가 아이의 잘못이나 훈육 문제로 의사소통에 문제가 생길 수도 있습니다. '왜 아이에게 심하게 하느냐.'와 '왜 무조건 어르고 달래냐.'란 상대방의 양육관을 지적하는 대화만 하다 싸움으로 번지기도 합니다. 따끔함이 필요하다는 사람은 부모가 무서운지 알아야만 행동이 바뀔 것이고, 따뜻함을 원하는 사람은 무섭게 하면 행동이 고쳐지기보다 시늉만 할 거라 여깁니다. 나름 합리적인 이유가 있으니 싸움이 되지 않을 수 없죠.

많은 부부들이 부모가 된 후부터는 부모 역할에만 치중하게 됩니다. 가족, 부부의 존재 이유가 아이를 어떻게 기를 것인지에만 있는 것이지요. 부부에겐 각자 평상시 생각해온 '아빠는 어떻게 해야 하고, 엄마는 어떻게 해야 한다'는 기대치가 있습니다. 이것은 자신은 물론 상대에게도 작용합니다. 자신은 역할을 충실히 하려 노력하고 있으니, 상대방이 제대로 역할을 하는지를 지켜봐야 한다는 생각도 하게 되지요. 그 순간부터 싸움이 시작됩니다. 평소 그려온 엄마, 아빠의 기대치가 다르고, 역할도 다르니까요. 아이만큼은 양보할 수 없는 문제 영역이 되어, 내가 원하는 역할을 상대에게 요구하게 됩니다.

어떤 남편은 아내가 아이에게 한없이 따뜻하고 헌신적인 엄마이길 바랍니다. 그런데 아내가 감정적으로 무던하거나 바깥 활동을 선호하는 편이라면 남편은 불안해지기 시작합니다. 자연스레 바깥 활동에 대한 잔소리가 늘고, 아내의 표현방식에 불만을 표하게 됩니다. 그런데 무던하고 바깥 활동을 좋아하는 엄마를 과연 나쁘고 그래선 안 된다고 타박할 수 있을까요? 오히려 무던한 엄마이기에 생기는 장점도 많이 있습니다. 어떤 아내는 아빠란 아이와 많이 놀아주고 주말에는 데리고 나가 함께 시간을 보내는 것이 좋다고 여겨왔습니다. 그런데 남편이 주말이면 바깥에 나가지 않고 집에서 쉬고 있다면 곁에서 지켜보는 아내는 답답한 심정이 될 것입니다. 그런데 남편은 어떤 생각일까요? 남편은 아이를 키울 때 자연스럽게 아이와 어울리는 것이 좋지 나와 맞지 않게 일부러 바깥에 나가 활동하는 것은 아무래도 부담스럽습니다. 과연 바깥에서 아이와 함께 많은 활동을 해야만 좋은 아빠일까요?

많은 부모들이 자녀들 앞에서 부모의 권위가 손상되는 것을 끔찍이도 싫어합니다. 특히 아빠는 더 하지요. 아빠가 아이에게 야단을 치면, 엄마는 '부적절한 야단'으로 보고, 남편에게 지적합니다. 물론 아빠들이 아이의 잘못에 대해 야단을 칠 때 (다 그런 것은 아니지만) 일관성이 없을 때가 많습니다. 자기 기분에 따라 혹은 전체 흐름이나 맥락을 보지 않고 그 상황만을 보고 야단을 치니, 아내 입장에서는 답답한 마음에 남편을 가로막습니다. 그 와중에 권위를 손상시키기도 합니다. 예컨대 아이가 혼자 잘 놀고 있는데, 아빠가 자꾸 관여하며 반응을 유도하려 합니다. 그러다가 아이 반응이 시큰둥하면 아이가 만든 장난감을 슬쩍 건드립니다. 아이가 짜증을 내고, 아빠 밉다고 소리 지르지요. 민망해지기도 해서 아빠가 "어디서 어른에게 소리를 지르냐"면서 야단을 치면, 엄마는 "당신이 잘못했네. 잘 노는 애를 왜 건드리냐"며 핀잔을 줍니다. 아빠는 결국은 "당신이 다 받아줘서 애가 저 모양이다"며 화를 냅니다. 이 상황에서 아내는 남편에게 '아빠의 권위'를 지키고픈 마음이 있음을 생각하지 못합니다. 권위를 이야기하는 남편이 우습기도 하지요. 그러나 평소 권위를 중시하는 배우자라면 이런 부분에서 상처를 받고 분노를 표출하게 되기도 한다는 것입니다.

자녀의 양육문제에서 서로 중요하게 여기는 영역이 다른 것은 피할 수 없습니다. 그리고 무엇이 더 좋다고 분명하게 이야기할 수 있는 것은 없습니다.(남에게 피해를 준다든가, 도덕성을 어기는 등의 해서는 안 되는 선들은 분명히 존재하지만요.) 이것을 서로 '내가 옳다' 식의 태도로 상대에게 관철시키려고만 하면 갈등은 해결되지 않습니다. 이미 그런 태도로 아이 문제에 접근하면 문제는 '내가 이겨야만 하는' 승부가 되어 버리기 때문입니다. 아이의 문제에서 부부 관계의 승패를 접목시키는 웃지 못할 상황들이 일어날 수 있습니다. 실제로 아이의 일로 상담실을 찾아온 많은 부부들이 자신들의 관계 문제가 일을 더 어렵게 만들었음을 알게 됩니다. 아이를 있는 그대로 보고 현실 가능한 많은 대안들을 펼쳐 놓고, 우리 아이에게 맞는 양육 방식을 택해야 하는 것을 잊지 말아야 합니다.

부모가 된 부부는 성숙한 어른으로서 행동해야 한다는 사실을 항상 기억해야 합니다. 분명히 인정하기 싫은 부분이 있고 물러서기 싫은 부분이 있을 것입니다. 그렇더라도 부부가 자라온 환경과 살아온 가치관이 맞물리는 양육관에 대해 서로 내 주장만 내세워서는 안 됩니다. 다름을 인정하고, 받아들이려는 태도로 대화해 나가야 합니다. 만일 풀리지 않는 내 어떤 욕구에 따라 행동한다면, 아이에게 고스란히 그것이 대물림되거나 반발로 엇나가는 일이 생겨나니까요. 그렇기에 부모가 된다는 것은 더없이 어렵고, 더없이 성숙해질 수 있는 기회가 되기도 합니다.

부부의 사랑은
책임감이다?!

부부 싸움에서 부부 외적인 요소가 더 많지만 부부만의 문제도 갈등의 골이 상당히 깊을 수 있습니다. 어떤 것들이 더 중요하고 덜 중요한 것이 아니라 당사자들이 어떤 것들로 인해 더 고통을 받느냐에 따라 다른 것 같습니다. 부부만의 문제는 각자 살아온 환경적인 요인들과 이 요인들로 만들어진 것들로 인해 생겨납니다. 부부의 사랑과 헌신과 이해, 수용을 하면 해결될 것 같지만, 사실 그것이 말처럼 쉽지가 않습니다.

이해와 수용이 어려운 이유는 '사랑이란 무엇인가?'에 대한 규정이 달라서입니다. 이것에 대한 상이 비슷하면 갈등이 적을 수 있습니다.

그런데 현실에서는 비슷하기가 쉽지 않습니다. 많은 사람들이 결혼하기 전에 자신과 사랑에 대한 온도가 비슷한 사람을 택합니다. 그런데 막상 살아 보니 착각이라 여겨질 때가 많습니다. '나를 사랑한다면?'이라는 전제하에서 보면 '이래야 하는데, 저 사람은 왜 저러지?'라는 생각이 불쑥불쑥 찾아옵니다. 사랑이 식은 건가 싶어 배우자에게 이야기하면 "나를 정말 사랑한다"라고 합니다. 왜 내 사랑과 저 사람의 사랑이 다를까요? 이것은 분명 사랑을 말하는 온도의 차이가 있습니다. 이 사랑의 온도에 차이가 생기는 이유는 <u>사랑이라는 것을 서로 다르게 규정</u>하기 때문입니다.

가장은 돈을 잘 벌면 되는 것인가, 가족을 잘 챙기면 되는 것인가

많은 남편들이 자신의 가장 큰 역할을 가장으로서 가족을 책임지는 것으로 인식합니다. 이것이 틀린 것도 아니고 잘못된 것도 아닙니다. 그런데 이 가장 역할이 부부 갈등의 이유로 떠오르기도 합니다.

40대 초반의 부부와 6학년, 4학년 남자아이가 있는 집입니다. 남편의 직업은 자동차 딜러였습니다. 너무나 성실하게 일해서 그의 연봉이 1억이 훨씬 넘었습니다. 이 연봉을 유지하려니 얼마나 열심히 뛰었겠습니까? 고객 수첩에는 천 명 이상의 명단이 있었고 거기엔 고객의 생일과 고객 가족의 생일까지 적혀 있었습니다. 주말엔 고객들의 행사에 참석하느라 바빴습니다. 식구들과 같이 할 시간이 생기지 않았지만,

남편의 바람은 가족들이 돈 걱정하지 않도록 하는 것이었습니다. 직장에서는 인정을 받았고, 수입도 커졌습니다. 무척 뿌듯했죠. 그런데 아내와 아들이 이런 불평을 하기 시작했습니다.

'같이 놀이공원에 가본 적이 없다. 생일날도 같이 있어본 적이 없다. 라면만 먹어도 식구가 다 같이 있다면 행복할 것 같다.'

남편은 이해할 수가 없습니다. 한 번은 식구들의 등쌀에 못 이겨 함께 놀이공원에 놀러 갔습니다. 놀이기구를 2시간 정도 타고 있는데, 갑자기 남편이 전화 통화를 열심히 하더니 고객 차에 문제가 생겨 한 시간만 잠깐 다녀온다며 공원을 빠져나갔습니다. 아내와 두 아들은 다소 김빠진 얼굴로 남편을 기다렸습니다. 그런데 한 시간은커녕 해질녘이 될 때까지 남편은 나타나질 않았습니다. 아내와 아이들은 너무나 기분이 나빠진 채 집으로 돌아왔습니다. 생각해보면 이런 적이 한두 번이 아니었다고 합니다. 아이들 생일 때도 밥 한 끼를 함께 먹지 못했습니다. 아내는 남편이, 아이들에게는 아빠가 돈보다 더 필요한 상황인데, 남편은 '식구들을 위해 이렇게 사방팔방 뛰어다니며 노력하는데, 왜 저런 불평을 하나?' 생각했습니다. 아내는 성실히 일하는 남편에게 '일중독'이라는 별명을 붙였답니다. 남편은 그저 가족들을 위해 노력한 것인데 알아주지 않는 식구들이 야속하기만 합니다.

열심히 일해 돈을 버는 사람의 특징 중 하나가 무척 책임감이 강하다는 것입니다. 그런데 그 책임감이 가족 관계로 올 때 간혹 안쓰러운 결과를 가져옵니다. 남편이 가장 역할에 대한 책임감을 막중히 느끼면 느낄수록 부부 간 사랑의 온도 차이가 커지게 되기 때문입니다. 직장에서 열심히 일하면 할수록 집에서 같이 보낼 수 있는 시간이 줄어들 수밖에 없습니다. 퇴근 시간 이후에도 직원들과 어울리는 것을 직장생활이라고 여기는 남편들도 있습니다. 가족만의 시간과 추억이 중요하다고 생각하는 아내들은 이러한 남편의 역할 규정에 대한 개혁(?)을 끊임없이 요구합니다. 아내가 아무리 호소해도 남편들은 설득이 잘되지 않는 편입니다. 사랑을 책임감이라고 여기기 때문이지요.

현실에서 남편의 변화는 '스스로 가족을 위해 노력하는 것 때문에 왕따를 당하는 것 같은 기분'이 실제적으로 강하게 느껴질 때 시작됩니다. 혹은 '나는 왜 이렇게 식구들을 굶기지 않으려고 하는지'에 집착하는 이유를 찾아보면 달라지게 됩니다. 그러면 반대로 일보다 가정을 우선시하는 남편이라면 부부 간의 애정온도가 올라갈까요?

소영 씨는 다른 사람들이 남편이 자상하다고 부러워하는 것이 딱 질색입니다. 남들이 그러면 "제발 내 남편 좀 데리고 가서 살아 봐."란 소리부터 튀어나온다고 합니다. 남편은 어떻게 보면 매우 자상한 것이 사실입니다. 남편은 가족이 가장 우선이랍니다. 이것은 좋습니다. 그런데 좀 과한 게 문제죠. 남편은 직장에서 승진 생각도 별로 없습니다. 퇴근 시간이 시계처럼 정확합니다. 주말마다 캠핑이며 여행을 떠납니다. 직장에 가서도 최소 하루에 2~3번은 전화합니다. "어디냐. 뭐하고 있냐." 별 내용도 없이 말입니다.

소영 씨도 처음에는 남편이 무척 자상해서 좋았습니다. 아이들이 어릴 땐 양육에 함께 관심도 기울이고 잘 놀아줘서 만족스러웠습니다. 그런데 아이들이 점점 커가고 '지금 이런 것들을 배워야 한다. 놓치면 안 된다'는 교육부터 시작해서 아이의 먹거리, 입을 거리 등까지 관여하다 보니 아이들도 소영 씨도 점차 숨 막혀 갔습니다. 뭐든 식구들이 같이 해야 하다 보니, 소영 씨가 쉴 틈이 없습니다. 소영 씨는 식구들 없이 혼자만 자유로운 공간에서 시간을 보내고 싶다는 생각을 자꾸 하게 됐답니다. 가끔 늦게 들어오는 옆집 아저씨가 부럽기까지 했답니다. 게다가 아이들이 자라면서 지출은 늘어나는데, 남편은 바깥일에는 큰 관심이 없습니다. 경제적으로 힘들다고 불평하면, 남편은 "가족의 행복이 더 중요하지."라고 합니다. 소영 씨는 남편이 가장으로서 자격 미달이라고 생각합니다.

앞서 부부의 눈에는 소영 씨의 생각이 배부른 투정처럼 보일까요? 아무리 좋은 약도 오랫동안 먹으면 내성이 생기기 마련입니다. 아이들이 커가고 노후 계획에 대한 걱정이 생길 무렵이면 집안 경제에 대해 신경 쓰지 않는 남편의 무능함이 점점 불안과 화를 억제할 수 없게 만드는 것이 현실입니다. 이때는 '자상함이 무능함'으로 바뀔 것입니다. 만일 남편이 일 때문에 가족에게 할애할 시간이 적다고 직장을 옮기거나 그만두면, 아내는 그 모습을 가장 역할의 회피로 받아들일 것입니다. 혹은 자신에게 가장의 책임감을 떠넘기고 있다는 생각이 들 것입니다. 가장으로서의 책임감에 대해 부부가 서로 다른 생각을 가지고 있으면 아무 소득 없는 부부 싸움만 하게 됩니다. 가장으로서의 책임감은 결심만 한다고 금방 생기는 것이 아니기 때문에 결국 아내가 생계 현장으로 나가게 되는 상황이 벌어집니다.

모두 가장에 대한 역할과 가족에 대한 사랑을 채우기 위한 행동들인데, 왜 이렇게 서로 다른 갈등을 겪게 되는 걸까요? 과거 바깥일만 신경 쓰면 되었던 가장과 달리, 현대 사회에서 가장의 역할은 복합적입니다. 삶은 다양한 방향으로 뻗어나가고 무엇 하나 소홀히 했다가는 균형을 잃기 십상이지요. 가장의 역할도 그와 같습니다. 바깥 활동과 가정을 향한 돌봄의 비중을 어떻게 두어야 할지 정확한 비율공식은 없습니다. 부부의 기질과 삶의 가치관, 가정형편에 따라 그 비율은 다르게 가야 하기 때문입니다. 하지만, 분명한 것은 어느 한쪽이 더 중요하다는 시각은 버려야 한다는 것입니다. 모든 삶이 그러하듯, 부부의 삶에도 가장의 삶에도 라이프사이클이 존재합니다. 이를테면, 자녀가 태어났을 때는 가족을 향한 애정과 지지가 더욱 커졌으면 하고, 자녀가 자라서 경제적 비용이 늘어날 때는 바깥 활동의 유능감을 바라게 됩니다. 남편의 삶을 가장의 역할으로만 맞출 수도 없는 노릇이기에 이렇게 달라지는 사이클에 딱 들어맞게 가장 노릇을 하기는 어렵지만, 시기의 유연성은 지녀야 합니다.

가장에게 있어 가족 생계를 위한 바깥활동, 그리고 가족을 향한 끊임없는 관심과 애정을 서로 선택하거나 버려야 하는 이분법적 이슈로 보기보다는 함께 보완해주는 이슈로 보았으면 합니다. 취사선택은 어느 한쪽이 더 커져야 하는 팽팽한 대치점을 만들지만, 보완은 소중하게 생각해 함께 가려 하는 상생점을 만듭니다. 어느 하나가 부족하면, 이를 부부가 함께 인지하고, 그것을 보완하기 위한 방법을 생각해나갈 수 있습니다. 이를테면 앞서 사례에서 남편이 바깥활동으로 인해 가족의 챙김은 어쩔 수 없이 희생해야 한다고 생각하고 있다면, 보완의 개념에서 볼 경우, 바깥 활동의 분주함으로 인한 가족 챙김의 소홀함을 어떻게든 보완하려는 액션을 취하게 될 것입니다. 예를 들어 생일날 저녁은 같이 먹지 못하더라도, 아침만큼은 꼭 함께 먹으며 축하의 인사를 나눈다든가, 고객의 일로 인해 자리를 떠나도 미안함을 담은 전화와 귀가 후 이에 대한 미안함과 고마움, 사랑을 표현하는 시간을 가진다든가의 행동을 취할 것입니다. 이런 보완의 개념 전제에는 자신의 부족한 부분에 대한 미안함과 이해해주는 배우자에 대한 감사가 있습니다. 미안함과 감사는 부부가 서로 다르게 느끼는 사랑의 온도 차를 좁혀나갈 수 있을 것이고요. 결혼생활은 결코 내 기대대로 움직여지는 이상향이 아닙니다. 현실은 훨씬 다층적이고, 삶에는 예상치 못한 턱들이 존재합니다. 그렇기에 결혼생활은 부부가 함께하기 위해 수시로 노력하고 이해해야 하는 삶의 과정입니다. 그리고 이 과정을 함께하기에 부부는 더욱 고귀한 관계이기도 합니다.

엄마로 살기보다는 여자로 살고 싶다

남편의 가장 역할만큼 아내의 엄마 역할은 큰 책임감을 가져다줍니다. 하지만 사람이 하루아침에 바뀌지 않듯이, 아이를 품고 낳았다고 해서 돌연 엄마로의 변신이 이루어지는 것은 아닙니다. 나대로 살고 싶고, 엄마이기 전에 여자로 살고 싶은 욕구가 수시로 치고 나오지요. 아이는 예쁘지만, 아이를 온전히 책임진다는 것은 너무도 부담스럽기도 합니다. 그래서 남편에게 더욱 기대고 싶어지지요. 결혼 전 달콤한 연애를 할 때 남편이 '손에 물을 안 묻히고 살게 해준다고'도 했었다면, 그 공약(?)을 밀고 나가기도 합니다. 엄마로 해야 할 것들을 뒷전에다 두고 공주처럼 대접받고 싶은 마음 때문이지요. 그러한 마음은 자신을 '챙김을 받아야 하는 사람'으로 자리 매김하게 합니다.

현식 씨는 아내가 매우 자격미달이라고 생각한다. 아내는 어쩌다 집 안일이나 아이를 위해 행동하는 것을 '당연한 것이 아닌 생색낼 만한' 일로 여긴다. 아가씨처럼 계속 지내길 원하다 보니 현식 씨에게 돌아오는 일들이 자연스럽게 많아졌다. 예전에도 공주 같은 아내이긴 했지만 아이가 생기면 아내가 달라지리라 생각했는데, 하지만 그것도 기대일 뿐이었다. 아내는 아기가 밤에 깨서 칭얼대면 남편을 깨우고 분유를 타오게 했다. 현식 씨는 눈에 넣어도 아프지 않을 아기를 위해 밤에 분유를 타는 것이 사실 싫지 않았다. 예쁘기만 했지. 하지만 이따금 새벽 출장을 가거나 야근이나 회식으로 밤늦게 들어오는 날에도 아내가 분유 타는 것을 자신에게 요구해 엄마로서 몹시 무책임해 보였다. 과연 자신이 일하고 있을 때는 아이를 잘 돌보고 있을까 하는 생각도 들었다. 아내는 예전과 달라지는 것을 무척이나 경계하는 듯했다. 물론 결혼생활이 지속되면서 조금씩 나아지긴 했지만, 여전히 아이 양육이나 집안일, 밥하는 것들을 버거워했다. 그리고 "도대체 날 위한 시간은 어디 있어?" "결혼하면 대접 받고 살 줄 알았는데" 같은 말을 입에 달고 살기 일쑤였다. 현식 씨는 요즘 들어 주변 사람들에게 가정에 무책임한 아내를 더 사랑할 자신이 점점 없어진다고 고백한다.

엄마로서의 책임감이 힘겹고 부담스러운 아내들은 이렇게 호소합니다.

"결혼은 날 위한 편안한 자리인 줄 알았는데, 왜 이리 힘들고 버거운 것이 많을까요? 나도 하고 싶은 것도 하면서 사람들도 만나며 살고 싶은데, 엄마의 역할은 하루 24시간 나에게 붙어 다닙니다. 아내로서 엄마로서의 역할은 내가 하고 싶을 때 하면 안 될까요? 아이는 육아 도우미나 친정엄마에게 도움을 받고, 하고 싶은 일을 하는 게 뭐가 잘못되었나요?"라고 말입니다.

엄마도 사람이기 때문에 육아나 집안일에 지치고 때로는 혼자만의 방에 틀어박히고 싶은 순간이 찾아옵니다. 그럴 때 아내의 심리를 위해 남편이 자유의 시간을 마련해준다면 더없이 현명한 방법이 될 것입니다. 하지만, 그것이 절대 엄마 역할의 회피를 뜻하는 것은 아닙니다. 엄마의 책임감에 힘겹고 지칠 때, 쉴 수 있으나 그 책임을 남에게 떠넘기며 사는 것은 절대 자신을 위한 변명이 될 수 없습니다. 책임감을 가지고 살지만, 건강한 삶을 위해 자기만의 방에 가끔 들어가거나, 휴식을 취하는 것은 전혀 잘못된 일이 아니라는 것을 말씀 드리고 싶습니다. 휴식의 빈도는 부부가 협의해서 정하고, 되도록 정기적인 휴식을 두는 것이 좋습니다. 때로는 기분 전환을 위한 치장과 여가도 좋습니다. 여자에게 있어 엄마는 거대한 삶의 변환점입니다. 그로 인해 발생하는 심리적, 육체적 여파가 상당하기 때문에 이에 대해서는 남편과 함께 이해를 나누고 배려 받는 과정이 꼭 필요합니다.

사람에 따라 엄마 역할에 대한 부담감이 더 크게 다가오는 사람도 있을 것입니다. 또한 남편과 아내의 엄마 역할에 대한 기대가 다르다 보니 서로 불만이 쌓입니다. 위 사례에서 현식 씨는 아내에 대해 '만약 사랑이 있다면 집에 신경을 쓸 것이고, 아이에게 신경을 쓸 것이다'라고 생각하고 있었습니다. 아내는 '사랑은 날 편안하게 두는 거야'라고 여겼지요. 이 차이는 그냥 두면서 살아가기엔 서로 너무 억울하고 고통 받는 것처럼 여겨지기 때문에 부부가 싸우게 됩니다. 그러다 보니 결혼을 하지 말아야 할 사람과 결혼한 것처럼 여겨지는데, 그렇다고 되돌릴 순 없는 노릇입니다. 제일 중요한 것은 뒤에서 이야기할 의존의 욕구(왜 결혼생활에 대한 그 기대를 품게 되었는지)에 대해 근본적 원인을 다루는 것이 필요합니다. 자신의 욕구를 들여다본 다음, 엄마와 아내의 역할을 잘 구분해 나가는 과정을 밟아야 할 것입니다.

외도, 부부를 갉아먹는
불신의 늪

    부부 관계를 가장 위협하고 파탄까지 이르게 하는 것 중 하나가 바로 외도가 아닐까 싶습니다. 외도는 배우자에게 '거부와 배신'이라는 커다란 트라우마를 남기고, 가정을 깨트리게 만드는 파괴력을 지닙니다. 부부 당사자는 물론 아이에게도 깊은 고통을 남기고 남녀관계에 대한 불신을 새기게 합니다. 모두에게 치명적인 고통과 상처를 남기는데도 왜 외도로 인한 부부 문제와 이혼은 줄지 않는 걸까요?

연주 씨는 남편의 다소 무뚝뚝한 면모를 듬직하게 보았다. 말이 많아 가벼운 것보다는 낫다는 생각을 하고 결혼을 했다. 그런데 남편과 같이 살아 보니 듬직한 것이 그리 좋은 것만은 아니었다. 남편은 현주 씨에게 경제적인 걱정을 준다든가, 사고를 칠지 모른다는 불안감은 주지 않았지만, 감정적 교류를 나누는 일이 드물었다. 남편은 점점 직장일로 바빠졌고, 피곤하다 보니 집을 마치 숙소처럼 생각하는 건가 싶을 정도로 잠만 자다 나갔다. 현주 씨는 많이 외로워졌다. 남편에게 이러한 점을 토로해보고, 남편을 붙들고 돈을 덜 벌어도 좋으니 둘만의 시간을 가지며 살자고도 말해보았다. 하지만 남편은 별 반응이 없었다. 그저 묵묵히 출근하고 밤늦게 들어올 뿐.

모르는 사람들 눈에 현주 씨 부부는 평범한 부부로 보였지만, 현주 씨는 절실히 느끼고 있었다. 부부 사이에 불만이 점점 커지고 있다는 것을. 그러던 어느 날 현주 씨는 자고 있는 남편의 휴대폰을 문득 살펴야겠다는 생각을 했다. 남편은 집에서는 도통 휴대폰을 꺼내지 않았고, 잠자리에 대한 요구도 신통치 않았다. 그동안 현주 씨는 일 때문에 너무 피곤해서라고 생각했지만 혹시나 하는 생각이 뇌리를 스치고 지나갔다. 불길한 촉감이 발동하자 더는 견딜 수 없어 현주 씨는 남편의 휴대폰을 몰래 살펴보았다.

하늘이 무너지는 것이 이런 감정일까. 무려 1년이 넘도록 남편은 다른 여자를 만나오고 있었다. 더욱이 기가 막힌 것은 휴대폰 메시지 속 남편의 말투였다. 현주 씨에게는 보이지 않던 다정함이 담겨 있었다. 참을 수 없어 남편에게 휴대폰을 던지며 악을 썼다. 수차례 별 관계가 아니라고 발뺌하던 남편도 결국에는 체념한 얼굴로 이렇게 말했다. "당신이 너무 원하는 게 많았어. 이 여자는 나한테 원하는 거 없어. 그냥 내가 힘들 때 나를 받아줘."

현주 씨 부부는 그 뒤로 지옥과도 같은 갈등과 싸움을 반복했습니다. 남편이 아무리 잘못했다며 무릎 꿇고 사과를 해도 현주 씨는 분이 풀리지 않았습니다. 다시는 안 그러겠다는 약속을 받았지만 상처입은 관계는 쉽게 회복되지 않았습니다. 1년이 넘는 부부 관계가 허울뿐이었다는 허망함과 배신감에 불면증에도 시달렸습니다. 각방을 수개월 쓰며 마음을 안정시키려 했지만, 기본적인 불신이 이미 마음에 자리 잡은 상태였습니다. 현주 씨는 갑자기 소리를 지르고 싶은 충동에 휩싸이거나 눈물이 왈칵 솟는 일이 자주 생겼다고 합니다. 정상인으로 살기 어려운 심경이 되자 그녀는 홀로 상담실로 찾아왔습니다. 아직 이혼을 할 수 없다고 합니다. 이혼이라는 여정이 숨 막히게 버겁게 느껴지기 때문입니다. 그렇지만 남편을 용서할 용기는 더더욱 없다고 합니다. 내 삶이 왜 이렇게 됐는지 후회의 연속이고, 지옥에서 살고 있다고 울먹입니다.

잠깐의 일탈이라고 생각하는 외도가 배우자에게 얼마나 큰 상흔을 남기는지 당사자는 알지 못합니다. 일부 사람들은 '배우자가 모르게만 하면 된다'는 아주 안일한 사고방식으로 결혼 후에도 다른 이성과의 만남을 이어 옵니다. 유흥업소를 가서 즐긴다든가, 잠깐 놀았다는 식의 자기 합리화를 시키기도 하지요. 그리고 외도가 발각되었을 때의 심리적 충격을 이해하지 못합니다. 이러한 사람들은 비뚤어진 이성관을 가졌다고도 볼 수 있습니다. 외도는 일방적으로 관계의 끈을 놓는 것보다 더 큰 충격을 남깁니다. '배신과 거부'라는 행위를 가장 가까운 관계에게 행한 것입니다. 외도한 사람은 외도할 수밖에 없는 원인을 상대방 배우자에게 돌리지만, 이유야 어찌되었던 부부 문제의 해결을 외도라는 방법으로 해결하려 한 사람의 책임이 가장 무겁습니다. 합리화할 수 있는 행동이 절대 아니라는 것입니다. 사회적 동물인 사람은 가장 믿었던 사람에게 배신과 거부를 당하면 온전히 받아내기가 쉽지 않습니다. 혹 지금은 아닐지라도 조금이라도 사랑의 감정으로 살았던 부부에게 외도는 가장 치졸한 거부일 뿐 아니라 상대방에게 큰 트라우마를 안기는 심각한 행동임을 알아야 할 것입니다.

한 사람의 배우자가 되고, 가정을 꾸리기로 결심을 했다면, 외도에 대한 경계는 분명하게 지켜야 합니다. 비단 부부 간에 갈등이나 문제가 생겨야만 외도가 일어나는 것은 아닙니다. 그렇지 않은 경우도 많고 상황이 흐르다 보니 그렇게 되는 경우도 생기기에 그렇습니다.

혜미 씨와 도진 씨는 맞벌이 부부다. 한 직장에서 함께 오래 지내다 보니, 서로 정이 들고 결혼까지 하게 된 것이다. 도진 씨는 직장에서 인기가 많은 편이었다. 게다가 본인 스스로도 이런 인기를 무척 즐긴다. 다른 여자 직원들에게도 잘해주는 편이고, 친절하고 자상하다는 소리를 자주 듣는다. 그것으로 스스로의 존재감을 느끼는 것처럼 말이다. 혜미 씨는 그러지 말아야지 하면서도 여자 직원들에게 호의적인 도진 씨의 태도가 매우 거슬렸다. 호의를 받는 상대편이 오해라도 하면 어떻게 하나 싶은 생각이 들었던 것이다.

그런데 혜미 씨의 불안한 예감이 적중하고 말았다. 도진 씨에게 좋아한다고 고백하는 여자 직원이 생긴 것이다. 유부남인 것을 알면서도 고백을 해서 두 사람은 경악을 금치 못했다. 도진 씨는 난감해했지만, 여직원의 대시를 날카롭게 쳐내지도 못했다. 그런 도진 씨의 태도에 혜미 씨의 실망은 이만저만이 아니었다. 평소 성격이 그렇다 해도 이런 상황이 된 것은 도진 씨의 책임이 크다고 생각하는데, 도진 씨는 혜미 씨 앞에서 피해자처럼만 군다. 도진 씨의 미온적인 태도로 인해 두 사람의 다툼은 나날이 번져만 갔다. 혜미 씨는 회사일도 제대로 손에 잡히지 않고, 집에서도 도진 씨와 불화 상태가 이어지니 몸과 마음이 다 지쳐만 간다.

외도는 부부 관계에 불신을 가지고 와서 싸움의 불씨로 남습니다. 부부 관계에서 상처 받은 맘을 다른 사람과의 만남으로 채우려고 하거나, 이성 관계에 대한 분명한 태도가 없다면, 배우자 입장에서는 외도와 마찬가지로 상처와 배신감을 받게 됩니다. 요즘 안타깝게도 상담에서 이런 이야기를 빈번하게 들을 수 있습니다. 부부 사이에는 갈등이 전혀 없는데, 이성이 관심을 보여주는 것에 존재감을 느끼며(인기가 많다는 상황을) 즐기다 보니 외도가 되는 일들이 현실에서 꽤 많은 것입니다. 바람의 당사자는 당사자 나름대로 '이유와 절절한 변명'이 존재하지만, 중요한 것은 부부 관계의 믿음을 저버린 행위라는 사실입니다.

외도로 인한 싸움은 빈번하고 과격하고 처절합니다. 이미 관계는 무너진 상태이고, 회복이 쉽지 않은 심리적 충격을 남겼기 때문에 짧은 시간으로는 아무것도 나아지지 않습니다. 이혼을 결정하더라도 배우자에게 남은 상처는 크고 깊어 오랫동안 분노 감정에 시달리게 됩니다. 세상에 가벼운 바람은 없습니다. 외도는 부부를 갉아먹는 감정의 늪이 될 것이고, 아이에게는 인간관계에 대한 근본적인 회의감을 줄 수 있음을 명심해야 합니다.

외도 당사자가 기억해야 할 것은 "한 번의 실수였고 잘못했으니까, 다시는 안 그럴게"라고 사과한다고 해서 상대방이 금세 풀리질 않는다는 것입니다. 사과했으니까 문제가 매듭지어졌다는 식의 태도는 상대방의 감정을 전혀 이해하지 못한 행동입니다. 풀릴 때까지 사과와 미안해하는 맘을 틈틈이 가져야 하고 보여야 할지도 모릅니다. 상대방이 계속 지나간 문제를 꺼낸다고 기분 나빠하다가 싸움을 하게 되면, 상처입은 배우자는 '잘못한 사람이 큰소리친다'고 여기고 서운해합니다. 감정은 특히 배신의 감정은 문장을 끝낼 때 마침표를 찍듯이 점 하나로 끝나는 게 아니기 때문입니다.

상대의 외도로 인해 상처입고 아파한다면 헤어짐을 결정했든, 관계를 다시 이어 보기로 결정했든 분노의 감정을 얼마간은 인정하고 받아들이는 기간이 필요합니다. 슬프고 화나고, 부정적인 감정에 휩싸이는 것을 당연하게 여기고, 필요하다면 표현을 해봐도 좋습니다. 소리도 지르고 울기도 하고, 배우자에게 원망의 말도 털어놓을 필요가 있습니다. 억지로 부정적인 감정을 억누르면 오히려 마음에 깊게 각인될 것입니다. 현실을 부정하기보다는 감당할 수 있는 화와 슬픔을 분출하는 것이 더 건강합니다. 분출해야만 어느 정도 나 자신이 정리될 것이며, 온전한 나 자신으로 살아갈 수 있는 과정이기도 합니다.

상대의 외도로 부부 관계에 끝을 선언했다면, 좀 더 자유롭게 벗어나려는 노력을 기울여 봐도 됩니다. 다른 곳에 가서 생활해봐도 좋고, 아무것도 하지 않은 채 있어도 좋습니다. 무언가에 몰두를 해도 좋고요. 부정적인 생각에 휩싸이는 것을 피하기는 어렵겠지만, 그 원인을 나에게로만 돌리지 말았으면 합니다. 한때 사랑했던 사람과의 관계가 비록 배신으로 끝이 났지만, 나는 여전히 지금 여기를 살아가는 소중한 존재입니다. 지금 슬프고 화나는 감정을 충분히 느끼고 쏟아내되 나의 잘못이 아니라는 위안도 잊지 말아야 합니다. 나를 사랑해주는 무수한 인연이 이제껏 있었고, 앞으로도 있을 것이니까요. 하나 주의해야 할 것은, 배신으로 인한 상처를 또 다른 사랑으로 급하게 해결하려 하지 않는 것입니다. 시간이 필요하고, 생각의 정리가 필요하기 때문에 어느 정도 혼자만의 시간이 꼭 필수적이라는 것을 잊지 않았으면 합니다. 많은 경우 배신으로 인한 상처를 성급하게 다른 사랑으로 해결하려 할 때, 상처를 받는 사람들이 있기 때문입니다.

취해 있지 않으면 살 수가 없는 남편, 게임에 중독된 아내

현대인들은 불안정한 삶을 이끌어가다 보니 크고 작은 중독에 젖어들기가 쉽습니다. 자신의 욕구를 자연스럽게 충족시키지 못하는 상황에서 이것을 해소하고자 병적인 방법을 취하는 것입니다. 유명 연예인들의 프로포폴 중독 뉴스는 게임, 술, 담배, 휴대폰 등 다양한 중독에 또 다른 품목을 올려주었지요. 중독은 욕구를 병적인 방식으로 해소하기 때문에 나 자신은 물론 일상생활, 내 주변 사람들까지 망가뜨리기 일쑤입니다. 그런데 문제는 우리 생활 주변에 이런 중독이 너무도 많이 자리한다는 것입니다. 스마트폰에 중독된 아이들, 술과 도박에 중독된 어른들, 각종 약물과 섹스까지. 부부 불화의 이슈에 이 중독이 오르게 된 것도 매우 오래전부터입니다.

수현 씨　　부부는 마흔이 넘은 나이에 결혼을 했다. 늦은 나이니만큼 현실적인 조건들도 면밀히 살피고 후회 없는 선택을 했다고 수현 씨는 생각했다. 단 하나 남편이 너무 술을 좋아하는 것 같아 그 점이 맘에 걸렸지만, 사업을 하는 사람들은 다 그렇지 하는 생각에 넘어갔다. 막상 결혼을 하고 보니 남편의 음주생활은 생각보다 더 자주였다. 결혼 후 한두 달 정도는 조심하는 듯하더니 이내 매일같이 술을 마시고 들어왔다. 한 번 술을 마시면 만취가 될 때까지 마시는 스타일이라, 들어올 때마다 얌전히 들어온 적이 없었다. 택시 기사와 싸우거나, 아파트 경비 아저씨와 실랑이가 붙는 일이 여러 번이었다. 수현 씨는 너무 창피해서 남편의 싸움을 말리다가 이제는 친구 집이나 친정으로 피신해버린다. 그 후 무려 10년이 넘는 세월 동안 남편은 수현 씨와 술 문제로 살벌하게 싸우면서도 술을 끊지 못하는 생활을 이어왔다. 아이가 생기고도 남편의 술버릇은 여전해서, 일주일에 서너 밤은 아이가 자다 깨서 우는 일이 이어졌다. 술 문제로 경찰서에서 연락도 오자 수현 씨는 남편의 술 문제로 별거까지 진지하게 고민하게 되었다.

　이 부부의 술로 인한 갈등은 남편의 건강 문제가 생겼다는 웃지 못할 이유로 진정 국면에 들어섰습니다. 수현 씨 부부가 건강검진을 하게 되었는데, 남편의 간에 이상이 발견된 것입니다. 그제야 수현 씨 남편도 술을 줄여야겠다고 생각하게 되었는데, 결코 혼자 힘으로는 자신이 없다고 먼저 고백했다고 합니다. 부부는 부랴부랴 전문기관에 상담을 받고, 치료를 시작함으로써 술로 인한 갈등도 줄어들고 부부 불화도 좋아졌습니다. 건강 악화라는 더 심각한 문제로 술 문제가 완화되긴 했지만, 실상 이런 문제는 본인이 자기 문제를 인정하지 않으면 바꾸기가 정말 힘듭니다. 배우자나 자녀들이 상처를 많이 받게 되고, 이 상처를 막기 위해서 싸움이 커지게 되지요. 많은 중독자들이 자기 문제가 얼마나 심각한지 모르고, 언제든 멈출 수 있다고 큰소리칩니다. 인정하기 쉽지 않은 것이 중독이고, 자신이 어떤 상태인지 잘 모르는 것이 중독입니다.

처음엔 남편의 술이 문제가 되어 싸우게 되었을 것입니다. 하지만 싸움을 거듭하게 되면서, 부부의 사이에는 불신이라는 작은 금이 생기게 됩니다. 이후 모든 부부의 갈등은 서로를 믿지 못하고, '술'이라는 갈등 매개를 통해 상대에 대한 더 큰 불만을 키우게 됩니다. 이를테면 술 때문에 아이에게 더 소홀한 모습을 보게 되고, 술 문제로 인해 이전에는 좋게 보았던 '남편의 호탕한 기질'이 유난스럽고 감당하기 벅차게 느껴지는 겁니다. 남편은 자신의 모든 잘못의 원인을 '술'로 돌리는 것 같은 수현 씨가 불만스러워 또 술을 찾게 되고, 조율할 수 있는 문제들은 싸움으로 인해 해결되지 않는 문제들로 변질됩니다.

술에 대한 의존이 크다는 것을 당사자가 인정하는 것은 반드시 필요합니다. 다만, 이 과정에서 남편을 향한 책망보다는 '술에 크게 의존'하게 된 남편을 이해해보려는 수현 씨의 모습도 필요합니다. 단, 결혼생활을 유지하려는 맘이 있다면 말입니다. 남편이 자신의 술 문제를 인정하기 위해서는 배우자의 도움이 필요하다는 것입니다. 남편이 술에 의존하게 되기까지는 많은 요건들이 작용했을 것입니다. 중독은 채워지지 않는 욕구를 병적인 방식으로라도 채우려다 생기는 것입니다. 무엇이 남편의 채워지지 않은 욕구인지는 상담과 치료를 병행하며 천천히 살펴봐야 할 것입니다. 무엇보다 자신의 상태를 인정하고, 나로 인해 가족들이 상처받고 피해를 입고 있는 것도 알아야 합니다.

수현 씨 부부처럼 '술 중독'일 경우는 그나마 문제를 인지하기가 쉽습니다. 주변에서도 고칠 것을 한목소리로 이야기하고, 당사자도 어느 정도는 자신이 술에 의존한다는 것을 알고 있습니다.(인정하기 싫어할 뿐이지요.) 하지만 잘 드러나지 않은 생활 속 중독도 꽤 많습니다.

서른다섯 민영 씨 부부는 게임으로 인해 다툼이 잦다. 연애 때부터 남편은 게임을 좋아했다. 결혼 후에도 집에서 줄곧 게임을 했는데, 아이가 생기고 나서도 남편의 게임 사랑은 변함이 없었다. 문제는 아이가 둘이 되면서 육아로 집안의 일은 폭발할 듯 늘어났지만, 집에서 줄곧 게임만 하는 남편은 육아에 비협조적이었다는 것이다. 민영 씨는 집에서 제일 많이 보는 남편의 모습이 바로 컴퓨터 앞에 앉은 남편의 뒤통수였다. 하도 게임을 해대서 남편에게 "게임 중독이냐"고 다그치면, 남편은 슬그머니 PC방에 갔다가 밤늦게 들어왔다.
민영 씨는 속상하고 화도 나서 맞불 작전을 쓰기로 했다. 민영 씨도 휴대폰 게임을 하기 시작한 것이다. 처음에는 남편의 약을 올리기 위해 시작했는데, 하다 보니 민영 씨도 수시로 휴대폰을 잡고 게임을 하게 됐다. 아이 둘이 배가 고프다고 졸라도 시선은 휴대폰에서 떨어지지 않았다. 남편은 컴퓨터 앞에, 아내는 휴대폰을 붙들고 있고, 아이들은 냉장고 속 가공식품을 먹으며 TV나 보고 있을 뿐이었다. 부부 둘 다 게임을 하면서 부부 갈등은 줄어들었지만, 아이들은 집안에 방치된 채로 시간을 보내게 되었다.

요즘 세상에는 살아가면서 즐길 것들이 참으로 많습니다. 어느 정도의 취미생활은 생활의 활력을 줍니다. '난 건강한 취미생활을 하고 있다'고 여기는데 상대방이 그렇다고 인정하지 않음에서 갈등이 시작됩니다. 스포츠광이나 덕후라는 이름으로 좋아하는 것에 에너지, 시간, 돈을 쏟아붓는 사람들이 많지 않습니까? 즐기는 사람 입장에서는 '스스로 과하다'고 여기지 않지만 가족의 갈등을 유발하는 데도 '내가 좋다'는 이유만으로 밀어붙이는 것은 생각해봐야 할 문제입니다.

그런데 그 즐길 것들에 자신에게, 타인에게 피해를 주는 것조차도 취미라는 명칭을 붙여서 유지하는 것들도 참으로 많습니다. '게임'은 대표적인 중독 매개입니다. 어른들은 물론, 아이들까지 게임 중독에 빠지면 다양한 생활 문제가 발생합니다. 현실과의 괴리감으로 인해 고립되는 것은 물론, 실생활 속 관계 문제들도 심각해집니다. 민영 씨 부부 역시 남편의 게임 문제로 인해 부부 갈등을 겪었습니다. 남편은 게임을 '취미생활인데 그것도 못 이해해주냐'며 항변했습니다. 취미생활이라는 변명 아래에는 '내 생활을 건드리지 마라'는 통보가 담겨 있습니다. 부부 관계에서 개인적인 영역, 취미를 존중해줘야 하지만, 상대방이 문제라고 인식한다면 함께 문제를 바라보는 자세가 필요합니다. 지나칠 정도로 몰입하는 것들은 곁에 있는 배우자를 허수아비처럼 느끼게 하기 때문에 부부 싸움의 합리적인 이유가 됩니다. 설령 그것이 정말 문제가 될 정도가 아니라면, 문제로 바라보았던 배우자의 내적 욕구를 알게 되는 계기가 될 것이고, 만일 정말 문제였는데 자신이 인지하지 못했던 것이라면, 문제를 발견하는 계기가 될 것입니다.

민영 씨 부부는 민영 씨가 게임으로 인한 관계 문제를 인지했을 때 이것을 해결할 기회를 놓치고 말았습니다. 남편이 문제를 회피하려 들자 민영 씨 역시 맞불을 놨습니다. 그 결과, 부부가 함께 게임에 의존하는 상황으로 번졌고, 아이들은 부모의 돌봄에서 방치되고 말았습니다. 우리가 맘에 안 드는 상황이 있을 때, 감정적인 대처를 할 수도 있습니다. 하지만, 가정이라는 울타리에서는 반드시 어른스럽게 대처해야 합니다. 홧김에 선택한 행동으로 아이들은 돌봄을 받지 못해, 이에 대한 욕구가 결핍된 채로 자랄 수 있으니까요. 이것이 자라면서 또 어떤 부정적인 방식으로 채워지게 될지는 모르는 것입니다. 부모처럼 아이들 역시 무언가에 대한 중독으로 채울 수도 있고, 건강하지 못한 관계 욕구를 키워갈 수도 있는 여지가 생겨버렸습니다.

중독은 결코 욕구를 온전히 채울 수 없으며, 순간의 만족감만 주고

서 더 큰 비용과 대가를 치르게 한다는 점에서 매우 위험성이 큽니다. 또한 자신은 물론 다른 관계들을 병적으로 만든다는 것에서 파괴적입니다. 중독에 대한 치료가 따로 요구되는 것은 그것이 병적이고, 스스로 제어할 수 없는 문제이기에 그렇습니다. 게임 중독 역시 치료 프로그램이 존재합니다. 하루 온종일 PC 앞에 앉아 있거나, 스마트폰을 붙들고 게임을 하느라 식음을 전폐하다 사망에 이르는 사건이 늘고 있는 것으로 보아 그 심각성이 이미 보통을 넘었음을 알 수 있습니다.

그러니 배우자의 중독을 잔소리와 다툼으로 바꿀 수 있다고 생각해서는 안 됩니다. 이것은 이미 전문가의 치료가 필요한 영역이고, 자신이 할 수 있는 역할은 한계가 있습니다. 그러니 당사자에게 자신의 문제를 일말이라도 인지를 시키고, 치료를 받는 곳까지 데려가는 노력을 기울여야 합니다. 또한 치료를 장거리 레이스로 보는 자세도 필요합니다. 중독에 대한 의존이 큰 것은 그만큼 채워줘야 할 마음의 공간이 크다는 것입니다. 자신이 문제라는 것을 인식하는 것이 첫걸음이며 이것은 곁에 있는 배우자가 도울 수 있습니다. 대화가 가능하다면, '어떤 때 게임을 더 하고 싶은지, 못했을 때 어떤 느낌이 들고 당신이 어떻게 도와줬으면 좋을지' 등을 나눌 수 있을 것입니다. 이런 대화 역시 게임을 절제하는 데 도움을 주기도 하거든요. 곁에 있는 배우자는 내 책임이나 문제의 원인이 아니라 할지라도, 문제를 키울 수도 도울 수도 있는 위치에 있다는 것을 아는 것 역시 변화의 첫걸음이 됩니다.

우리는 서로 정말
많이 달라요

많은 부부들이 말하는 이혼 이유가 '성격 차이'라고 합니다. 정말 성격 차이가 직접적인 이유가 될까요? 대답만 말하자면, 이유가 됩니다. 서로 정반대의 성격들이 만나면, 너무나 다른 세상에 사는 사람처럼 생각이 다르고 행동이 다릅니다. 폭넓은 이해와 관용이 깔려 있지 않고서는 성격의 차이를 극복하기가 사실 쉽지 않습니다. 성격(기질, 성향)의 차이는 '모든 것을 다르게 본다'는 것이 전제되어 있습니다.

어떤 사람은 다정다감하게 이것저것 챙겨 주는 것을 사랑이라 여길 것이고, 어떤 사람은 표현하지 않아도 싸우지만 않으면 사랑한다고 여길 것입니다. 누군가는 부부가 같이 하는 게 많으면 사랑하는 것이고,

누군가는 서로의 영역을 존중해주는 것을 사랑이라 여깁니다.

화를 내는 상황에 대한 인식도 다릅니다. 털털한 게 좋은 사람이 있고, 깔끔한 것을 매우 중요하게 여기는 사람이 있습니다. 맺고 끊는 것이 확실했으면 하는 사람이 있고, 좋은 게 좋은 것이라며 두루뭉술하게 넘어가는 게 좋은 사람도 있습니다. 이것저것 세심하게 잘 관찰하는 사람이 있는가 하면, 무던하게 넘어가는 사람도 있습니다. 바깥 활동을 좋아하는 사람이 있는가 하면, 정적인 활동을 좋아하는 사람도 있습니다. 일을 할 때, 순서를 중요하게 여기고 단계를 거쳐야 하는 사람이 있는 반면, 즉흥적으로 맘이 움직이는 대로 하는 게 편한 사람이 있습니다. 보기에 좋아야 하는 사람이 있는가 하면 실용적인 것이 최고인 사람이 있습니다. 말로 표현해야 직성이 풀리는 사람이 있고, 생각을 많이 하다 보니 표현을 최소로 하는 게 편한 사람이 있습니다.

이처럼 다른 지점을 찾으려고 하면 한도 끝도 없이 찾을 수 있습니다. 서로 다른 곳에 서서 바라보다 보니, 사사건건 맘에 안 들 수밖에 없습니다. 이것은 그 사람의 됨됨이나 인품의 문제가 아닙니다. 실제 생활 속의 인식 차이입니다. 하지만 생활 중에서는 인식의 차이가 '다름'이 아닌 '틀린 것'으로 받아들여집니다. 그러다 보니 같이 있는 상황에서 의도하지 않게 상처를 주거나 받는 경우가 허다한 것이지요.

서로 다른 기질, 성격이 갈등을 불러오지만, 가장 큰 갈등을 불러 오는 영역은 '사랑에 대한 규정'입니다. 기질의 영역 중에서 친밀감에 대한 부분들이 다르면 결혼생활의 본질적인 부분까지 갈등하게 만듭니다. 이를테면, '사랑하니까 같이 살고 있는 거다'와 '좀 더 친밀하게 공유하는 것이 많아야 사랑하는 것이다' 사이의 갈등입니다. 연애할 때 무척 자상하게 잘해줬던 사람이 결혼하고 난 뒤에는 그 자상함이 사라졌다고 여기는 사람들이 많습니다. 목적(?)을 이루니까 이제 느슨해졌다는 말들을 하지요. 상당히 계산적인 것처럼 보이지만, 사실 '친밀감을 필요로 한 경우에 노력을 해야 하는 사람'과 '좋은 감정이 생기니까 친밀감이 자연스럽게 나오는 사람'의 기질 차이이기도 합니다. 문제는 이 기질 영역의 차이가 결혼생활을 흔들 만큼 감정적인 혼돈을 가져온다는 것이지요.

겉으로 보이는 '자상한 행동이나 챙김, 친밀함을 느낄 수 있는 것'들이 일상 중에 나오지 않다 보니, 친밀감을 중요하게 여기는 기질의 사람은 그것을 받아들이기 힘듭니다. '사랑 없이 살아야 하나'라는 생각까지 들지요. 이것을 기질이라 여기지 않으면, 배우자는 계산적인 사람, 사랑이 없으면서도 사는 사람으로 취급받기 십상이죠. 기질이라 여겨지지 않고, 마음의 문제(애정이 식은 결과물)로 여겨지기 때문입니다.

많은 남편들, 아니 많은 남자들이 여자에 비해 공감 능력이 덜합니다. 공감이 '필요한 목적'이 되면 가능하지만, 자연스럽게 나오지는 못한다는 것입니다. 나한테 자상하지 못한 사람이 '자기 부모, 형제'에게는 자상한 행동을 하면 무척 서운한 맘이 들 것입니다. 그런데 이것이 '그 사람의 목적이 되었기 때문에 나오는 행동'이라는 생각을 해본다면 어떨까요? 이런 사람은 일상생활 중에서 지속적으로 자상하게 챙길 수는 없습니다. 잠깐 동안은 가능해도 말입니다. 본래의 내 모습으로 돌아가면, 자기 부모나 형제에게도 배우자에게 하는 것과 똑같은 모습을 보일 것입니다. 부모나 형제를 챙기는 것은 일상이 아닌 일종의 이벤트 같은 느낌이기에 목적을 가지고 행동한 것이지요. 인정하기 싫지 않겠지만, 감정도 자신의 목적이 되어야 가능한 기질이 있다는 것입니다. 그렇기에 부부생활에서 결국 목적이 되고, 일이 될 수 있도록 상대방에게 필요한 것들을 직접적이고 구체적으로 부탁하는 것은 무척이나 중요합니다. 자연스럽게 친밀감이 생기고 공감을 잘하는 사람들 입장에서는 이해할 수 없지만, 이런 기질도 있다는 것을 알고, 상처받지 않기를 바랍니다. 나를 사랑하지 않는 것이 아니라 사랑의 행동이 다르다는 것을 아는 것도 필요하며, 부부 간의 친밀함이 '종종' 목적이 될 수 있도록 만드는 것도 필요할 것입니다.

Chapter 03

서로에게

기대고 싶을 뿐인데,

왜 그게 힘들까?

의존성, 부부를 묶어매거나,
와해하게 하는 욕구의 심리학

우리의 만남은
우연이 아니었네

이 세상에 그토록 많은 남녀가 존재하는데, 나는 왜 이 사람과 결혼하게 되었을까요? 결혼 후 세월이 지나 결혼생활을 회고해보면 배우자와 결혼을 결심하게 된 계기가 특별하지 않다고 털어놓는 사람들이 많습니다. 어쩌다가, 아니 어쩌면 더 우연히 만났다고 여길 때가 많습니다. 그냥저냥 연애를 하다 보니 결혼적령기가 되어서, 혹은 내가 결혼적령기가 되어서 소개팅을 하다가, 혹은 독립을 하고 싶다는 이유로, 고른다고 더 나은 사람이 있을 것 같지 않아서 등등 결혼의 이유는 '사람'보다 배우자 외의 다른 요인으로 결정하는 일도 꽤 많습니다. 불꽃같은 사랑을 느껴서 운명처럼 배우자를 만났다고 하는 커플들도 있기는 하지만요.

알콩 달콩한 사랑 끝에 결혼에 골인한 커플이든, 상황에 따라 조건에 따라 심사숙고하고 결혼한 커플이든 첫 부부 싸움을 하고 나서는 모두 이런 생각을 떠올립니다. '내가 왜 이 사람이랑 결혼까지 한 거지? 갈등의 이유를 찾다 보면 대부분 외부 요인을 떠올립니다. 배우자의 환경이나, 부모님, 상황적인 이유 등을 탓하기도 하지요. '그때 누군가가 말려줬더라면… 우리 집이 이 사람보다 나은 사람을 만날 환경이었다면… 부모가 나한테 조금이라도 관심을 가져줬더라면 이렇게 성급한 결혼 결정을 하진 않았을 텐데…'라면서 불평을 합니다. 때론 결혼하자고 따라 다닌 배우자의 탓도 합니다. 자연스럽게 이 갈등 속에서 나는 '피해자'가 됩니다. '왜 내가 이렇게 고생해야 하지? 이 사람과의 결혼이 정말 후회된다'란 생각으로 시작된 남 탓은 끊임없는 불만과 불평을 불러오고, 갈등의 이유들이 되어 악순환의 굴레에서 헤어나기 힘들게 되지요.

하지만 안타깝게도 싸움의 원인은 의외로 내게 있는 경우가 더 많습니다. 더욱이 배우자와 만나게 된 것도 그저 우연이 아니라 필연입니다. 고른다고 골랐는데… 억울하지만 그 사람을 선택할 수밖에 없는 끌림이 내 안에서 있었던 것이지요. 결혼이라는 삶의 문턱을 함께 넘겠다는 결심을 하기까지 우리 내면에서는 어떤 끌림이 있었던 것일까요?

내 마음속 이상적인 가족의 그림
연애와 달리, 결혼을 생각하면서 우리는 자연스럽게 '가족'을 떠올립니다. 사랑하지만, 철저히 남일 수 있는 관계가 연애 기간의 커플이라면, 결혼은 두 사람을 가족이라는 울타리로 묶어 주지요. 결혼을 결심하면서 상대방을 보며 '이제 이 사람과 가족이 된다. 그래도 괜찮을까?'란 질문으로 상대를 저울질하고, 내가 만들고 싶은 가족의 모습을 그려 보게 되는 것입니다. '즐거운 곳에서는 날 오라 하여도 내 쉴 곳은 작은 집 내 집뿐이네'라는 노래 가사만큼은 아니더라도, 가족을 그릴 때는 그 어떤 곳에서도 느낄 수 없는 편안함과 쉼이 있고, 행복을 공급해주는 곳을 그립니다. 이렇게 그리는 가족에는 아주 중심적인 인물이 있습니다. 바로 엄마, 아빠입니다. 아마 부모라는 존재가 없는 행복한 가족은 상상조차 할 수 없을 것입니다.

엄마라는 존재는 모두에게 마음의 고향이라 불리고, 인생의 디딤돌이 되어 주기도 합니다. 집으로 비유하자면 엄마는 기초입니다. 집을 안정적으로 만들어 주고, 튼튼하게 만들어 주는 역할을 하지요. 외형에 가려져 있지만, 기초가 튼튼한지 여부는 스트레스 상황 혹은 가족에게 변화가 오면 잘 알 수 있습니다. 아이가 태어나면 여느 부모들은 아이를 챙기고 보살피고 보호합니다. 아이가 느끼기에 부모가 자신을 충분히 사랑하고 보살핀다는 느낌을 받는다면 기초가 잘되어 가고 있는 것입니다. 아이가 점점 커가면서 부모의 관심과 사랑을 주는 형태들도 변화해갑니다.

그리고 또 하나, 아버지의 역할인 뼈대와 지붕 세우는 과정도 요구되지요. 아버지가 아이들과 친밀한 관계를 잘 유지하고 시간을 많이 보내는 것 자체가 뼈대와 지붕을 세우는 과정입니다. 기초 공사를 튼튼히 하고, 뼈대를 제대로 세워 벽을 만들고 지붕을 올리면서 집이 생기면, 부부와 아이들이 함께 각자의 구역을 만들어 가고, 영역을 주장하게 됩니다. 이러한 과정이 순탄하게 흘러가면, 집이 완성되지요. 집이 완성될 때 즈음(즉, 아이가 어른이 될 무렵), 집은 '그 안의 사람들을 품어 줄 수 있는 존재'가 됩니다. 배우자나 자녀들을 품을 수 있는 넉넉한 맘 말입니다. 그런데 기초 공사와 뼈대가 제대로 이루어지지 않았다면, 집은 서 있는 것 자체로도 매우 버거운 공간이 됩니다. 사람들을 품을 수가 없지요. 이런 집에서 자란 자녀들은 포근함과 안정감을 경험하지 못해 불안감과 허전함, 두려움이 내재하게 됩니다. 그러다 보니 뭔가 다른 것들이 자신을 지탱해주기를 기대합니다. 누군가를 품어 줄 수 있어야 할 어른이 되었으면서도 '품어 주고 기댈 수 있는 누군가'를 찾게 된다는 것입니다.

이렇듯 우리 마음은 하나의 집과 같습니다. 우리 내면의 기초공사가 잘되어 있고 뼈대가 튼튼한 집을 가질 수 있다면, 즉 엄마, 아빠와의 관계에서 충분한 돌봄, 관심을 통해 친밀감을 느낄 수 있었다면, 우리는 자신과 다른 사람을 함께 품어 줄 수 있는 존재가 되어 결혼하고 가정을 제대로 꾸리게 될 것입니다. 하지만, 우리 안의 기초가 미약하고, 빈약한 뼈대로 집이 흔들리고, 빈 공간이 생겼다면, 그 공간을 채워 줄 사람, 안정감을 줄 수 있는 사람을 찾아 가정을 꾸리고 싶다는 마음을 가지게 됩니다. 배우자를 선택하기까지 이러한 마음의 조건들이 작용하게 되는 것이지요. 그렇기에 엄마, 아빠란 존재를 통해서 우리가 얻을 수 있는 정서적인 욕구는 무엇이 있는지를 면밀하게 살펴보아야 합니다. 그 정서적인 욕구가 채워지지 않는다면, 그 결핍을 채워 줄 수 있는 사람에게 끌림을 느끼고, 그와 '가족이 되고 싶다'는 마음이 생기게 될 테니까요.

그렇기에 우리가 원 가족과 어떤 관계로 살아왔는지 그 자라온 이력을 살펴볼 필요도 있습니다. 그곳에서 우리는 '내가 기대고 싶은 곳, 의존하고 싶은 부분'을 발견할 수 있을 것입니다. 결혼을 통해 우리는 '의존하고 싶은 대상'을 찾습니다. 즉 제 2의 엄마 혹은 아빠를 찾는 것입니다. 그것이 바로 욕구이니까요. 욕구가 채워지지 않았다면 마음에 내재되어 있다가, 그 욕구를 채워 줄 거라 생각하는 상대에게 반응하게 됩니다. 그 상대가 바로, 배우자입니다. 배우자가 안 된다면 그것은 자녀에게로 가기도 하고 그 대상이 물질이나 친구, 취미가 되기도 합니다. 이제 폭풍 같은 부부 싸움 후 '내가 왜 이 사람과 결혼까지 왔지?'란 의문이 든다면 그 원인을 한번 찬찬히 찾아볼 필요가 있습니다. 내 마음의 이력에서 말이지요.

배우자를 향한
친밀함과 챙김의 욕구

우리는 부모에게서 충분히 보살핌과 사랑을 받고 자랐을까요? 부모, 특히 엄마의 충분한 보살핌과 사랑을 받고 우리가 자랐다면 신뢰라는 선물이 내면에 생깁니다. 바로 엄마와의 신뢰가 곧 인간관계에 대한 신뢰로 확장이 되지요. 사회적 상황에서 편안함과 믿음이 전제된 사회적 관계를 잘 맺을 수 있게 됩니다. 다른 사람과의 관계에서도 친밀한 관계를 맺는다는 것이죠. 친밀감을 갖되 집착하지 않고 냉랭하지도 않습니다. 상대방에 대한 믿음이 있기 때문에 불안해하지 않고, 의심하지 않습니다. 뿐만 아니라 사람들에게 무관심하거나 공감하지 못하지도 않습니다. 마음속에서 그동안 부모의 충분한 관심을 받고 자랐기 때문에 자신에 대한 확신도 충분하며 자신의 존재 자체만으로 행복해할 줄 압니다. 이렇듯 부모의 충분한 사랑은 신이 내게 주신 당연하면서도 엄청난 선물입니다.

우리 부모 세대가 '챙김 욕구'를 소홀히 할 수밖에 없던 이유

하지만 우리 모두 미숙한 인간이기에 부모가 주는 사랑에도 조금의 틈이 생길 수 있습니다. 엄마의 역할이 크다는 것은 누구나 다 아는 사실입니다. 하지만 제대로 된 엄마 아빠의 역할을 하기는 쉽지 않습니다. 우리의 부모들의 시절은 지금보다 부부라는 이름으로, 부모라는 이름으로 살기가 버거웠던 시기였습니다. 고된 시집살이가 있었고, 한량 같은 아버지들도 많았습니다. 바람을 피우고, 두 집 살림하는 것을 창피하게 여기지 않던 시절도 있었습니다. 자녀 양육은 지금보다 더 많이 '엄마'에게 맡겨진 상황이었습니다. 가부장적인 결혼 문화에 속해 있다 보니, 순종적인 아내를 요구받고 급격한 산업화로 먹고 살기 힘든 사회적 분위기에서 집안일을 도맡아 하면서도 대가족을 먹여 살리기 위해 일한 시대에 살았습니다. 이런 시기에서 자녀는 알아서 커야 하는 환경이었습니다. 그나마 나은 형편의 집에서는 가난을 대물림하지 않기 위해 자녀들을 성공시키기 위한 뒷바라지에 노력했습니다. 관심과 여유 있는 가정은 학습을 강조(혹은 강요)하고, 대학을 보내기 위해 다그치기도 했습니다. 오로지 성공을 위해서만 관심을 보였죠. 이런 사회적 환경에서 오는 스트레스, 가정 내부의 스트레스로 인해, 아이의 정서나 감정에 신경을 쓸 겨를이 없었습니다.

삶이 버거웠던 부모 세대는 자신의 삶이 버거운 것만 기억하지 자녀들을 제대로 양육했는지, 어떤 상처를 받았는지에 대해서 별로 관심도 없고, 기억하지도 못합니다. 부모의 짐이 무겁고 부모 상처가 크면, 자녀의 감정, 바람, 욕구는 뒷전에 될 수밖에 없습니다. 그래서 부모의 스트레스를 푸는 대상이 되거나, 함부로 대해지거나, 아니면 방치되어 그냥 클 수밖에 없었습니다. 알아서 커주면 기특한 자녀가 되어서 부모의 기쁨이 되기도 했지요.

배우자 선택의 심리학

엄마가 고생하는 것을 보고 자란 자녀는 엄마의 고생을 보상해주고 싶은 맘이 큽니다. 결국 엄마가 자녀를 품는 것이 아니라, 자녀가 엄마를 품고, 불쌍히 여기는 맘으로 살게 됩니다. 서운함이나 불만들은 깊숙이 넣어 둔 채 효자, 효녀로 성장하지만, 자신도 모르게 마음에는 채워지지 않는 허전함이 생기게 됩니다. 부모에겐 의젓한 자녀 역할을 하지만, 부모에게 보이지 않았던 빈자리를 배우자에겐 보여 주고 배우자가 자신을 채워 주기를 원합니다. 부모에겐 의젓한 (심리적) 부모 역할을 하면서 배우자에겐 '자녀 역할'을 한다는 것입니다. 배우자가 '나의 빈자리를 돌봐 주고, 날 챙기며 관심을 가져 주길' 기대하게 되는 것이지요. 남편이나 아내가 아니라 정서적인 '엄마 같은' '아빠처럼' 해주는 사람을 좋은 배우자감이라고 여기게 되는 겁니다.

"집사람은 게을러요. 남편이 퇴근했는데도, 집 청소나 저녁 식사 준비는커녕 자기 일에만 꽂혀 있지요."

상담실에서 아내에 대해 불평을 털어놓는 남편의 말에는, 아내를 향한 기대가 드러납니다. 좀 더 이야기를 진행해보면 남편이 회사 갔다 오면 '엄마처럼 미리 집안을 깔끔하게 해놓고, 자신을 위해 따끈한 밥상을 차려놓고 기다리는 것'에 아주 큰 의미를 두고 있음을 알게 됩니다. 실상 남편이 말한 '자기 일'은 바로 아내의 육아였습니다. 아내가 아이 육아로 눈코 뜰 새 없이 바쁘고 정신적인 여유가 없는 상황이었습니다. 남편 역시 그것을 모르는 바가 아닐 텐데도 아내에게 화를 내고 불평합니다. 이것은 바로 부모에게서 챙김을 받지 못하여 욕구가 채워지지 않았기 때문입니다.

어릴 적 자신의 엄마가 바깥일로 바빠서 챙김을 못 받은 사람은 결혼 후 배우자가 되도록 집에 있기를 원합니다. 때로는 아내가 직장생활에 의욕을 보이는 것을 매우 못마땅하게 여깁니다. 어찌 보면 아내의 사회 활동을 응원할 만한 것인데도 말입니다. 마치 어릴 적 학교에 다녀오면 집에 '잘 다녀왔다고 반겨주는 엄마'가 있었으면 했던 것처럼, 아내에게 그것을 바라기도 합니다. 특히 아플 때가 되면 대놓고 배우자를 향한 '제2의 엄마'에 대한 기대는 더욱 커집니다. 어린아이처럼 자신의 아픔을 잘 살펴 주길 바라고 그것을 해주지 못할 경우, 배우자에 대한 실망감, 서운함이 몹시 커집니다. 심지어 해주지 않는다고 화를 내고 비난을 하지요. 역할을 못하고 있다면서 말입니다.

이럴 때 내가 원하는 대로 배우자가 채워 주면 '좋은 배우자'로 여기고 만족합니다. 사실은 내가 기대한 엄마(혹은 아빠) 역할이 있었고, 그것이 채워져서 만족하는 것인데 말입니다. 어쩌면 배우자는 부부 갈등을 피하기 위해 얼토당토 안 되는 상황을 견디고 있는 건지도 모릅니다. 이렇게 배우자에게 돌봄에 대한 욕구를 투영하고 의존하다 보면, 배우자 입장에서는 마치 자식을 키우는 듯한 느낌이 듭니다. 어떤 남편은 삼시세끼를 챙기는 것을 아내의 가장 큰 역할이라고도 생각합니다. 이것이 그의 엄마가 가장 중요하게 여기는 것들이었고, 어쩌면 욕구를 제대로 충족시키지 못해서 나타난 반응일 수 있습니다. 그렇게 해주지 않으면 화가 나는 이유는 '사랑 받은 기억을 밥상에서만 느낄 수 있었던 것'이기 때문이거나 챙김의 경험이 없었기 때문입니다. 배우자가 돌봄 욕구를 애써 채워 준다고 해도 이런 식으로 부부 생활이 유지되는 것이 과연 건강한 가족 관계로 이어질 수 있을지 미지수입니다.

나 자신이 하고 있는 역할에 대해 '너무 힘들다. 피곤하다. 지친다. 도망가고 싶다'는 생각이 지나치게 들고, 이런 말을 자꾸 하는 이유를 생각해보십시오. 이 세상에서 지금의 나 자신이 제일 힘들다고 호소합니다. 사실 힘든 것은 실재할 것입니다. 인생은 힘듭니다. 가정을 꾸리고 돈을 벌어 아이를 키우고 식구들을 먹여 살리는 것이 쉬운 일이 절대 아니니까요. 그럼에도 불구하고 어린 시절 원하는 만큼 부모에게 돌봄과 챙김을 받지 못했다면, '내 코가 석자'여서 배우자보다 '내가 훨씬 더 힘들다'고 여길 가능성이 큽니다. 내가 제일 힘드니 '나를 알아

달라'고 배우자에게 자꾸 요구하고 갈등이 커지게 되는 것이지요. 충분한 돌봄을 받지 못했다면 남을 돌보는 일이 자연스럽기보다 노력을 해야 하는 의무가 되어 다가오기 때문에 힘들 수밖에 없습니다.

저녁에 배우자가 따뜻하게 맞아 주고, '몸이 아프다, 으슬으슬 춥다'고 하면 그 말에 즉각적으로 반응해주길 바라는 것은 어쩌면 당연한 마음일 수도 있습니다. 다만, 배우자가 귀찮아하고, 힘들어해서 해주지 않거나 억지로 하면, 마치 '거절당한 자식의 마음'이 되어서 삐치거나 불평합니다. 그럴 땐 나를 기분 나쁘게 만들고, 불평하는 마음의 원인이 배우자가 아닌, 내 마음에 있지는 않은지 생각해봐야 합니다.

내가 이 사람에게
무엇을 기대했던 걸까?

우리는 앞서 배우자에게 요구하게 되는 돌봄에 대한 욕구를 살펴보았습니다. 많은 정서적인 토양은 부모와의 관계를 통해 만들어집니다. 어린 시절 아이를 먹이고, 입히고, 돌보는 신체적인 접촉과 정서적인 교감은 많은 경우 엄마를 통해서 이루어지지만, 아버지의 역할도 매우 중요합니다. 엄마를 통해 신체적, 정서적인 교감과 감정 표현의 자연스러움, 따뜻함, 배려, 챙김, 인내 등을 키운다면, 아버지를 통해서 사회적 관계를 맺을 수 있는 자원들을 받게 됩니다. 아버지와의 친밀한 관계를 통해 추진력이나 실천력이나 외부 자원들을 어떻게 조달해 나갈지 등등 사회에서 살아갈 수 있는 것들을 얻게 된다는 것입니다. 우리가 살아오면서 엄마와 조금씩 분리될 때 아버지와의 관계는 또 다른 친밀함을 형성해줄 수 있으며 사회에서 생활해 나가는 방식 등의 잣대를 내면화시키게 됩니다. 다시 말해, 아버지와의 관계는 내면은 물론이거니와 가족을 어떻게 이끌고 나아가는지를 보여 주는 창구가 됩니다.

아버지와 관계가 좋으면 어른이 된 자녀는 권위를 적절하게 수용합니다. 그리고 힘(power)이라는 것을 어떻게 행사하는 것이 긍정적인지도 알 수 있게 됩니다. 리더십이라는 것도 경험합니다. 가정에서의 아버지의 모습은 엄마와는 또 다른 안정감을 줍니다. 사회적 관계도 적절하게 잘 할 수 있다는 것입니다. 그렇기에 아버지와의 관계가 어떠했느냐는 성인이 된 이후 결혼생활에도 큰 영향력을 끼칩니다.

아현 씨는 요즘 남편만 보면 짜증을 부리게 된다. 자주 짜증을 내다 보니, 남편은 아현 씨를 보면 긴장하고 시선을 피한다. 이런 게 내가 꿈꾸던 결혼생활이었나 싶은 생각에 아현 씨는 요즘 입맛이 참 쓰다.

오늘도 모르는 사람이 집을 방문하고 갔다. 바로 집주인이 다음 세입자를 찾는 것인데, 문제는 아직도 아현 씨네 계약기간이 6개월 이상 남았다는 것이다. 외진 동네라 세입자가 잘 안 들어온다는 집주인의 부탁에 남편이 허락을 하고 만 것이다. 그런데 잘 안 구해진다는 세입자들이 시도 때도 없이 집을 찾아와 구경만 하고 가는 일들이 벌어지고 있다. 아이도 아직 어리고, 사생활이 너무 침해되는 듯해서 아현 씨는 집주인에게 계약이 끝나갈 시점에 집을 보여 주겠다고 단단히 말해두었다. 그런데 문제는 남편이었다. 남편은 집주인의 말을 거절하지 못하고 또 물러 터진 반응을 보여 집을 보여 주고 만 것이다.

아현 씨는 남편의 물러 터진 면이 너무도 답답하다. 이런 일이 한두 번이 아니다. 남편은 좋게 말하면 사람이 좋다는 소리를 자주 듣는다. 나쁘게 말하면 제대로 일처리를 못하고 제대로 된 결정도 내리지 못한다. 이런 남편의 태도로 아현 씨만 나쁜 소리를 듣는 일이 허다하다. 아현 씨도 너무 힘들어 누군가에게 의지하고 싶어지는데, 남편은 그럴 만한 사람이 절대 못 된다. 그럴 때마다 결혼을 후회하게 된다.

아현 씨는 처음에 남편에게 끌린 이유가 '자상함' 때문이었다고 추억합니다. 그것이 이제 '물러 터짐'으로 변모해서 부부 갈등의 원인이 된 것이지요. 대체 왜 아현 씨가 남편을 바라보는 시각이 이렇게나 달라졌을까요?

우리는 엄마와의 관계가 좋고 아빠와의 관계도 좋으면, 부모의 모습을 통해 여성과 남성의 성 존중이 무엇인지를 내면으로 익히게 됩니다. 그런데 아빠의 모습이 책임감이 없거나 나약해 보였다면, 남성을 향해 업신여기는 태도를 내면화할 수 있습니다. 그럴 경우 남편감으로는 나약하지 않고 강한 사람, 즉 카리스마가 강한 사람을 원하게 되지요. 반대로 아버지가 지나치게 통제적인 사람이라면 그 힘이 부적절하게 느껴집니다. 자식은 지나칠 정도로 기가 죽어 있어 언뜻 유순해 보일 수도 있지만, 내면에는 권위라는 것을 불편하게 여기게 되고, 기존 질서를 따르기 싫어하게 됩니다. 통제나 간섭으로 여겨져 행동으로 강하게 거부하기도 합니다. 배우자를 택할 때도 이러한 욕구가 반영되어 권위적이지 않고 자상한 사람을 찾게 될 수 있습니다. 다시 표현하자면, 내 말을 잘 들어 줄 사람(순종적인 사람)을 찾게 된다는 것입니다. 내 말을 잘 듣는 사람= 자상한 사람입니다.

혹은 아빠가 부드러운 기질의 사람이라면 가정에서 정서적인 부분을 크게 담당하게 됩니다. 마치 엄마처럼 마음 깊이 공감해주고, 정서적인 교감도 크지요. 이런 가정의 엄마는 오히려 남성처럼 대범하고 여장부처럼 집안 경제나 결정권을 쥐고 있습니다. 이럴 경우 자식이 배우자를 고를 때, 두 가지 양상을 보입니다. 엄마가 채워 주지 못했던 챙김들을 아버지처럼 챙겨 줄 자상한 사람을 고르기도 하고, 아버지의 모습에서 불만이 있었다면, 자신의 아버지와 정반대의 태도를 보이는 사람을 고를 것입니다.

아빠와의 관계가 만족스러울 경우 딸은 미래의 남편을 고를 때 아버지처럼 부드럽고 자상한 남편에게 끌릴 가능성이 큽니다. 아빠가 보여 준 가정에서의 역할이 매우 적절하다 여기고, 내가 꾸린 가정에서의 남편도 그 몫을 해주길 바라기 때문이지요.

아현 씨가 어떤 상황에서 남편의 자상함에 매력을 느끼게 되었는지는 자신의 내면을 더 살펴봐야 알 것입니다. 내가 자라 온 환경에서 '난

아버지에 대한 기대가 무엇이었을까? 어떤 아버지이길 기대했는가?'
에 대한 질문을 스스로 해봐야 합니다. 아버지를 통해 통제적인 남성
상에 거부감을 느껴 자상한 남편의 매력에 끌렸을 수도 있습니다. 아
니면 아버지를 통해 부드러운 남성의 역할에 만족스러움을 느껴 남편
에게 호감을 가졌을 수도 있습니다. 어느 쪽이든 남편을 향한 어떤 기
대가 작용합니다. 기대는 상황이 만족스럽게 흘러갈 때는 시너지 효과
를 내지만, 불만족스럽게 흘러갈 경우에는 더 큰 실망감을 줍니다. 기
대를 걷어내고 남편을 있는 그대로 바라보는 것이 필요합니다. 때론,
남편의 자상함으로 인해 큰 갈등 없이 무탈하게 생활하고 있을 수도
있음을 볼 수 있으면 좋겠습니다.

아현 씨가 반해서 결혼을 결성할 만큼 좋아 보였던 자상함이 왜 지
금은 '물러 터짐'으로 보일까요? 남편이 변했나요? 아니면 아현 씨가
잘못 봤을까요? 아마 지금의 물러 터짐이 과거의 자상함이었다면, 아
마도 달라진 것은 아현 씨가 이상적이라 여겨 택한 남편감에 대한 기
대와 현재 남편에 대한 거리를 보았다는 것일 겁니다. 이상적인 아버
지를 찾았는데, 아버지가 아닌 남편이었다는 것입니다.

부부 관계는 부모-자식 관계가 아닙니다. 각자 이상적인 배우자감
에 대한 기대를 서로에게 요구해나가는 것이 아닙니다. 처음엔 우리
내면에 있는 끌림으로 서로의 부모상을 선택했지만, 이제 현실은 부
모-자녀 관계가 아닌 부부임을 인식해야 합니다. 부부 관계는 배우자

136

로 택하기까지 사랑을 느꼈던 그 상대를 있는 그대로 인정하고, 동등한 위치에서 서로 소통하려는 노력으로 부부로서의 애착관계를 만들어가는 것입니다. 그것은 연애 때와는 또 다른 친밀감일 것입니다. 어쩌면 연애 때보다 삶과 긴밀하게 연결되어 있기에 더욱 어렵고 더욱크게 상처 받기도 합니다. 하지만, 친밀감과 함께 믿음을 바탕으로 견고한 부부 관계를 만들어간다면 그 어떤 관계보다 서로에게 힘이 되어주고 통해 있는 관계로 성장해나갈 수 있을 것입니다. 아현 씨가 선택한 남편의 자상함은 아현 씨뿐 아니라 다른 사람에게도 그대로 드러날 것입니다. 단호함의 이면에는 강함과 통제가 자리 잡고 있고, 자상함의 이면에는 부드러움과 우유부단이 자리 잡고 있습니다. 좋은 것만갖기를 원하는 것은 욕심일 수 있습니다. 남편의 성향을 바꿀 순 없어도, 아현 씨가 남편으로 인해 분통이 터지거나 화가 나지 않을 수 있습니다. 남편이 내가 원하는 아버지가 아니라, 나와 대등하게 주고받을상대라고 생각할 수만 있다면 말입니다. 감정적으로 차분해질 수 있다면, 해결책은 눈에 보입니다.

부정적인 감정을 좌우하는
의존성의 욕구

우리는 왜 이렇게 의존하고(기대고) 싶어 하는 걸까요? 사람은 태어나서 의존을 통해서 생존이 가능합니다. 아이가 어릴수록 부모에게 의존해야만 살아갈 수 있습니다. 의존은 생존이면서 사람의 모양새를 갖춰 살아갈 수 있게 만드는 요건입니다. 이때 의존성은 자신을 챙겨 주고, 관심을 받고, 자신의 감정, 욕구를 헤아려서 수용해주는 경험을 통해 충족됩니다. 어린아이는 부모에게 기댈 수 있고, 그 기댐을 통해 친밀감을 느낍니다. 즐거움과 기쁨, 행복을 느끼고, 감정이 분화되어 다양한 감정들을 느낄 수 있게 됩니다. 이렇게 충분히 의존할 수 있어서 서서히 독립을 할 토대가 마련됩니다. 100% 좋은 양육 환경에서 충분히 의존해볼 수 있었다면, 우리는 홀로서기가 엄청 쉬워질 것입니다.

그러나 100% 좋은 환경, 무결점 환경은 인간 사회에서 존재하지 않습니다. 인간이기 때문에 부족하고, 부모로서도 부족합니다. 그래서 충분한 사랑을 받고 자라면 좋겠지만, 그것 역시 쉽지 않고, 실상 부모가 충분히 사랑을 주었다고 해도, 아이가 원하는 만큼, 원하는 방식이 아닌 경우가 많아서 이 욕구의 빈자리가 생길 수밖에 없습니다. 그래서 사람마다 정도의 차이는 있지만, 누구에게나 의존하고 싶은 욕구들은 남아 있기 마련입니다.

부족함에서 비롯된 의존이라 할지라도, 사실 누군가에게 의존하고 싶은 것 자체를 나쁘게 봐서는 안 될 것입니다. 왜냐하면, 부부는 서로에게 잘 기댈수록 안정을 찾고 친밀감을 느끼게 됩니다. 사랑을 하고 있고, 사랑 받고 있다는 느낌이 의존의 욕구를 통해서 생깁니다. 이것이 지나친 것이 문제이고, 받아 줄 상대방과 코드가 맞지 않는다면 문제가 되는 거지요. 어쩌면 지금을 살아가는 우리에게는 이 '의존'에 대한 욕구가 때론 당연한 것이며, 이것이 우리를 더욱 가깝게 만들어 주는 역할도 합니다.

문제는 의존 욕구가 충족되지 못했을 때 생겨나는 부정적인 감정입니다. 마음의 빈자리를 채우지 못했을 때 우리는 부정적인 감정에 휩싸이게 됩니다. 모든 관계에서 그렇듯, 부부 관계에서도 부정적인 감정은 큰 영향력을 발휘합니다. 부정적인 감정은 상황을 더 왜곡해서 보여주기에, 부부 간의 소통이 원활하지 못하게 흐릅니다. 그렇기에 이번에는 의존성의 욕구로 나타나는 부정적인 감정들이 무엇인지 살펴보려 합니다.

'나부터 챙겨줘야지!' - 시샘과 질투

"나는 대체 당신한테 몇 순위야?"
"내가 더 중요해? 아니면 어머님이 더 중요해?"
"가정이 최우선이여야지! 당신은 아내로서 자격 미달이야!"

부부 싸움을 하면서 흔히 튀어나오는 말들입니다. 다 큰 성인이 유치하게 이런 말들을 할까 싶지만, 이런 말 한마디쯤 해보지 않은 커플이 아마도 없을 것입니다. 시샘이나 질투는 어느 누구에게나 있는 감정입니다. 이 감정은 부모로부터 '사랑받고 자랐다'는 경험이 부족할 경우에 생겨납니다. 또는 항상 뭔가 상대적으로 '나는 덜 받고 있다'는 느낌을 받으며 자란다면 이런 질투나 시샘의 감정이 깊숙이 내면에 자리하고 있을 것입니다. 특히 형제들 사이에서 편애를 경험한 사람들은 이 감정이 분명하게 드러납니다.(가끔 스스로가 '부모로부터 사랑을 받았다'라고 여기는 사람들이 있는데 부부 관계에서 시샘이나 질투의 감정들이 드러난다면, 그것은 사랑 받았다는 생각일 뿐, 실제로는 아닐 수도 있음을 알았으면 합니다. 우리가 머릿속에 기억하고 있는 것이나 생각들이 '100%의 경험에서 나오는 것들이 아닌' 경우들이 있습니다.)

이렇게 자라면 어른이 된다고 해서 시샘이나 질투에서 자유로울 수 없습니다. 부부도 마찬가지입니다. 배우자가 나를 제일 우선으로 하지 않으면 무척 불쾌한 감정에 휩싸입니다. 설령 나보다 아이를 먼저 챙기더라도 샘이 납니다. 배우자가 나보다 부모에 대한 정성이 극진하면 그 역시 시샘의 감정으로 올라옵니다. 자기 형제를 너무 챙기는 것도 거부감이 듭니다. '나보다 더 귀하게 여기는' 관심의 대상들이 다 경쟁자로 느껴지고, 내가 뒷전으로 밀려나는 그 느낌이 너무도 싫습니다. 배우자의 관심이 때로는 사람이 아닌 물질이 되기도 합니다. 취미생활, 자동차, 반려동물 등 사람이 아닌 대상이어도 질투의 감정에 휩싸이게 됩니다.

'도대체 나의 순위는 어디쯤일까? 부부인데 제일 소중해야 하지 않나? 대체 나를 뭐라고 생각하는 걸까?'

이런 생각들을 항상 갖고 있으면서 불만을 차곡차곡 쌓아두게 됩니다. 결국 이 질투의 감정은 내가 배우자에게 우선순위인가 아닌가로 판가름 납니다. 특히 부부는 '우선순위 1순위'라는 통념이 있어서 질투의 감정이 화를 자극합니다. (실제로 1순위이어야 합니다만) 자신을 1순위에 둔 것 같지 않은 느낌이 질투를 불러옵니다.

사실 시샘이나 질투라는 감정은 '사랑이나 관심의 대상을 일직선상에 놓고 보는 단순한 논리'에 빠지게 만듭니다. 그것이 싸움을 유발하

141

는 것이지요. 남편에게 '나랑 어머님이랑 물에 빠지면 누굴 먼저 구할 거야?'라는 어리석은 질문을 하기도 합니다. 결코 단순화시킬 수 없는 것들을 억지로 단순화시켜서 원하는 답을 듣고 싶어하는 것입니다. 이미 배우자에게 듣고 싶은 답은 정해져 있습니다. 꼭 집어 '당신'이라 말해주길 바랍니다. 원하는 대답이 아닌 경우, 며칠이고 우울한 감정을 떨칠 수 없습니다. 이 부정적인 감정을 해소하지 못하는 사람은, 배우자를 '나만 바라볼 사람'으로 고를 수 있습니다. '나를 좋다고 쫓아다니는 사람'을 최우선 요건으로 보고 결혼 상대로 선택하는 것이지요.

'당신은 나에게 사랑을 주지 않을 거야 - 외로움과 외도

시샘이나 질투라는 감정의 연장선이긴 하지만, 전혀 다른 것처럼 보이는 것이 '너무 외롭다'라는 감정입니다. 시샘은 사랑 받고 싶은 감정을 적극적으로 드러내는 행동이고, 외로움은 적극적인 행동보다 기다리면서 느끼는 감정이라 할 수 있습니다. 외로움의 해결책을 바깥에서 찾는 게 외도입니다. 도덕적인 잣대조차 무색하게 만드는 것이지요. 도덕성이나 상대 배우자에게 상처가 될지는 전혀 안중에도 없고 오로지 '내가 사랑받고 관심받고 싶은 것'을 해결하는 데만 급급한 것이 외도입니다. 날 만족시킬 새로운 번외 배우자를 찾는 행위인 것이지요.

불안은 멀쩡한 부부 관계를 위태롭게 만든다

부모와의 관계에서 충분히 기댈 수 있었고, 신뢰가 형성되었다면 관계에 대한 안정적인 정서와 믿음이 내면에 생기게 됩니다. 그런데 만약 그렇지 못했다면, 우리의 내면에는 불안이 자리 잡게 됩니다. 사람마다 불안한 영역은 다르게 나타납니다. 관계에 대한 불안, 분리에 대한 불안, 건강에 대한 불안, 혹은 자녀에 대한 불안, 미래에 대한 불안, 장소나 어떤 물체에 대한 불안 등등 매우 다양합니다. 내면의 불안을 해소하고 싶은 마음이 배우자를 고를 때도 드러납니다. 예컨대, 바람을 피우지 않을 사람을 찾게 되고, 돈을 잘 쓰지 않는 사람을 찾게 되는 것입니다. 불안한 영역을 해소해줄 만한 역할을 할 수 있는 사람으로 배우자를 찾는 것이지요.

그렇게 찾은 배우자와 결혼하게 되면 결혼생활은 기대만큼 만족스러울까요. 한 사람의 한 가지 모습만 보고 살 수는 없기 때문에 자신의 기대와 다른 부분이 나온다면 또 불안이 생겨날 것입니다. 늦게 귀가하거나, 관심이 딴 곳에 있는 것 같거나, 계획에 없는 돈을 쓰거나 하는 모습을 보면 의심이 생겨나게 됩니다. 그러다 보면 배우자의 일거수일투족을 다 알고 싶어 하게 되는 상황까지 번지게 됩니다. 불안하기 때문에요. 배우자가 원하는 대답이나 태도를 보이지 않으면 확인하려 드는 집착은 더욱 심해집니다. 의처증이나 의부증은 이러한 불안이 심해져서 집착으로 번진 경우입니다. 때론 뭐든 같이 하려 해서 배우자가 불편할 수 있습니다. 겉으론 엄청 친밀해 보일지 모르지만, 떨어지는 것이 불안해서 곁에 붙어 있으려 할 수도 있습니다. 분리 불안은 아이에게만 있지 않습니다. 부부 관계에도 존재하지요.

배우자 입장에서는 덩달아 불안이 전이되어 힘겨워하거나, 아니면 집착당하는 것에 대한 압박감에 자연스럽게 불평이 나올 수밖에 없습니다. 집착은 잠시 잠깐 생겼다가 사라지는 현상이 아니라, 관계의 기반이 흔들리는 상황으로 봐야 합니다. 부부 관계가 위태로워질 수 있는 상황임을 인식하고 불안에 대한 적극적인 대처가 필요합니다. 불안은 상대방의 태도로 인해 오는 것처럼 보이지만, 사실 불안은 나의 내면에서 흘러나오는 감정입니다. 내가 느끼는 불안의 원인이 상대방이 아니라, 내 부모와 나의 관계에서 충분한 신뢰가 형성되지 않아서임을 안다면, 내가 못 믿는 대상은 배우자가 아닌 나 자신임을 알게 될 것입니다. 만약 배우자의 불안을 곁에서 같이 감당할 만한 마음이 있다면, 이상적인 부모처럼 곁에서 안심할 수 있도록 밀착하는 모습을 보여주는 것도 도움이 됩니다. 자꾸 밀어내면 배우자는 더 불안을 느끼니까요.

불안이나 질투, 시샘 등 부정적인 감정이 부부 관계에 끼치는 영향력은 생각보다 광범위합니다. 이 감정들은 의존에 대한 욕구를 더욱 자극하여 상대에게 더 큰 기대와 요구를 하게 됩니다. 하지만 상대방 배우자는 부정적인 감정으로 자신에게 다가오는 것을 달가워하지 않습니다. 부담스럽기 때문입니다. 의존하고 싶은 마음은 충분히 공감하지만, 배우자가 부정적인 감정으로 그것을 나타내면 자신의 마음에도 그 감정이 전이되거나, 짜증이나 화남, 혹은 질림이 생길 수밖에 없습니다. 그러므로 지금 부부 갈등을 경험하고 있다면, 지금 내가 배우자에게 어떤 형태로 의존 욕구를 드러내고 있는지 점검해볼 필요가 있습니다. 집착한다면, 배우자는 '도망'을 갈 수도 있다는 생각을 해보십시오. 관계의 단절을 원하는 것은 아니지 않습니까? 지나치게 욕구를 드러내면, 나를 안심시켜 달라는 내 마음이 '관계를 끝내자'는 것으로 전달될 수 있음을 알아야 합니다.

아직 내 가정을 꾸릴
마음의 준비가 안 되었다는 것

예전에 비해 부모들은 자녀들에 대한 관심이 지대해졌고, 결혼을 하고 나서도 그 관심의 끈을 놓지 않는 것을 가족 사랑이라 여깁니다. 기대는 것을 가족의 끈끈함이라 여겨 이 사랑이 때로는 자식 부부에게 간섭 혹은 통제로 다가오기도 합니다. 아내들은 시댁을 '시월드'라고 표현하면서 '시'자 들어간 것은 쳐다보지도 않으며, 시금치도 안 먹는다는 우스갯말이 있습니다. 이에 대한 남편 버전으로는 '처월드'라는 말이 있지요. 아이가 생기면서 육아에 대한 의존을 친정 부모에게 많이 하는 요즘, 처가 쪽 입김도 만만치 않음을 토로하는 말입니다. 그만큼 우리나라는 결혼 후 조부모 가족의 영향력이 크다는 것을 뜻합니다. 이 영향력은 여기에 끝나지 않고, 자녀들을 떠나보내지 못함과 동시에 자녀들을 어른의 자리에 머무르지 못하게 만드는 요인이기도 합니다.

그러다 보니, 부부 갈등의 소재로 조부모 가족의 이름이 심심찮게 오르내립니다. 현실적인 요건 때문에 어쩔 수 없이 조부모 가족과 분리되지 않는 경우도 있지만, 부모에게 기대고 싶은 심리도 분명 있습니다. 어쩌면 의존에 대한 욕구로 인해, 부모에게 독립하지 못하고 겉으로만 독립한 척하고 있는 것일 수도 있습니다. 그로 인한 여러 생활 문제가 부부 갈등을 유발합니다.

아직 자녀로 남고 싶은 마음

'캥거루맘'이라는 신조어가 탄생한 배경에는 다 큰 성인 자식을 아직도 자신의 보호 하에 두고 키워내는 엄마가 있습니다. 물론 고용불안으로 자녀의 사회진출 시기가 늦어져, 30대가 되어도 경제적인 독립을 하지 못해 부모에게 기대게 되는 사회적 배경도 있습니다. 하지만 내적으로 부모와 긴밀히 연결되어 있는 것에 안정감을 느끼고, 분리하고 싶어 하지 않는 욕구 또한 존재합니다. 부모 또한 자녀를 자신에게서 분리해내는 것에 대해 불안해하기도 하고요. 문제는 결혼 후에도 이런 분리 불안으로 자신의 가정을 부모에게 의존한다는 것입니다.

의외로 결혼 후에도 '자신의 가정'의 대소사를 부모에게 가서 의논하고 보고하고, 해결책을 받아내는 부부들이 꽤 많습니다. 부모에게 의존하는 영역은 아주 다양합니다. 가장 흔하게는 아이의 '양육'이 있고, 경제적인 지원도 있습니다. 부모 입장에서는 나를 인정해주고, 자식이 나와 교류한다는 면에서 만족스러울 수 있습니다. 하지만 부모의 자녀이기 이전에 '성인이 되었는가?'라는 질문을 한다면 이것은 고민되는 문제입니다. 결혼 후에도 스스로 해결할 수 있는 것도 일일이 부모에게 의존하는 상황이 생길 수 있기 때문입니다.

눈여겨볼 사실은 이렇게 의존적인 부모 자식의 관계가 어렸을 때부터 지속되는 경우가 아닐 수도 있다는 것입니다. 정말 대화가 많이 필요하고 친밀감이 풍성해야 할 사춘기 전 어린 시절에는 그러지 못하다가 고등학교 졸업 이후 결혼하면서 친밀해지는 관계를 종종 봅니다. 이것이 나쁘다고 말하는 것은 아닙니다. 그러나 정작 의존이 필요한 시기에는 그러지 못하고, 독립이 늦어진 뒤에 나타나는 의존을 '친밀감의 증거'로 삼는 것은 경계해야 합니다. 왜냐하면 이 친밀함이 내면의 진짜 결핍이 무엇인지를 헷갈리게 하기 때문입니다.

민주 씨는 아이를 낳고 엄마가 산후조리를 도와주고 아이 육아를 챙겨 주면서 엄마와의 사이가 참 좋아졌다. 아이를 재우고 모처럼 여유가 생겨 엄마와 차라도 한 잔 마시고 있자면 민주 씨는 새삼 엄마와 마주 앉아 있는 지금이 신기하게 느껴진다.

민주 씨의 엄마는 민주 씨가 어릴 적에 가족을 버리고 종교에 심취해서 식구들의 가슴에 큰 상처를 준 적이 있다. 몇 년간 엄마는 종교 활동을 하다가 민주 씨가 대학에 들어가서야 다시 가족의 품으로 돌아왔다. 그 시간의 공백이 민주 씨에게는 말 못한 분노와 배신감으로 자리 잡았다. 모녀의 사이가 좋아진 것은 민주 씨가 결혼하고부터다. 맞벌이라 현실적으로 친정 엄마의 도움이 필요할 때가 많았다. 엄마도 민주 씨의 눈치를 봐가며 민주 씨에게 도움을 주고 싶어 했다. 결국 못 이기는 척 민주 씨는 친정 엄마의 도움을 받았고, 그리웠던 엄마의 챙김을 받으며 지금이 참 좋다는 생각이 들었다. 아기가 태어나면서부터 두 사람은 더욱 친밀해졌다. 하지만 과거 엄마가 가정을 버리고 떠난 시절의 이야기는 절대 꺼내지 않았다.

그러다 문득 엄마의 가방에서 종교서적이 나오거나, 대화 도중 '말이 통하지 않는다'고 느껴지는 순간이면 민주 씨는 벌컥 (심할 정도로) 화가 치밀었다. 남편과의 싸움이 늘어난 것은 육아 스트레스도 있지만, 민주 씨 내면의 분노와 불안이 컸다. 남편에게 평소 불만이라 생각했던 부분들이 폭발하듯이 터져 나와 남편은 싸우다 지쳐 함께 부부 상담을 받자고 제안했다. 민주 씨는 도무지 무엇이 문제인지 알 수 없었다. 남편도 살뜰한 편이고, 엄마도 잘 챙겨 주는데 왜 이렇게 화가 쌓이는지 모를 일이다.

　성인이 된 자녀가 부모에게 뒤늦게 의존하게 되면, 자신의 내적 고민과 갈등이 어디에서 왔는지를 찾지 못하게 됩니다. 현재 부모와 친밀하다고 느끼고, 사랑받고 있다고 여기기 때문이지요. 과거 부모와의 관계에서 받았던 상처나 결핍에 대한 성찰 없이 지금의 친밀함으로 부모와의 과거를 덮으려 하기 때문입니다. 그렇기에 자신이 자녀를 제대로 양육하지 못하는 것도 스스로 설명할 수 없습니다. 배우자와 갈등하는 것 역시 배우자의 잘못으로 단순화시켜 버립니다.

성인이 되고 나서 부모와 관계가 좋아지는 것을 결코 나쁘다고 할 수 없지만 과거에 대한 성찰 없이는 불안정한 친밀함입니다. 이러다 내면에 결핍이 자극되어 어떤 울렁임이 생겼을 때 그 여파가 부부 관계에서 터져 나와 버리기도 합니다. 그 경우, 갈등의 유발점이 어디인지 잘 모르게 되어, 해결하기가 힘든 상황으로 가기도 합니다. 격렬한 부부 싸움으로 현상이 나타나지만, 그 원인을 과거 원가족과의 관계 속에서 찾을 수 있고, 원 가족에게 의존하려는 마음 때문인 것이지요.

내가 꾸린 가정에서 내 역할은 과연 무엇인지 살펴봐야 합니다. 부부가 함께 의논하고 결정해야 할 일을 부모에게 상당 부분 의존하고 있다면, 아직도 자신이 한 명의 성인이 아닌 '자녀로 남으려는 마음'에 의존하려 하는 것임을 깨달아야 합니다. 부부는 동등한 성인 두 사람의 만남입니다. 스스로의 가정을 책임질 수 있어야만 합니다. 힘들 때나 문제가 생겼을 때, 부부 스스로가 해결하려 노력하고 있나요? 아니면, '누가 도와주지 않나'라는 마음으로 기다리고 있지는 않나요? 도움이 없을 때는 때론 서운하고 홀로 남은 느낌이 듭니까? 이것은 의존 욕구의 발동입니다. 가끔 어떤 부부는 '전혀 결혼을 하지 않은 사람'처럼 자녀나 배우자에 대해 생각지 않는다며 서로 싸웁니다. 부부 혹은 부모 역할에 대한 책임에 대해서는 '나 몰라'라는 식이고, 배우자가 해주길 기다리는 것 역시 자녀로 남고자 하는 마음의 표현입니다.

또한 자녀 부부가 아직 경제적으로 안정되지 않은 상태라 하더라도, 부부는 자신의 가정을 책임지기 위한 독립된 객체로 움직여야 합니다. 아무래도 자녀 부부보다는 부모 부부가 훨씬 경제적 기반이 탄탄할 것입니다. 경제력을 가지고 부모는 힘을 행사할 수도 있고, 자녀는 부모에게 의존하려 할 수도 있습니다. 실제로 부모라면 '유산도 물려주고, 결혼할 때 집도 사주고, 애를 키울 때 함께 도와줘야 한다'고 생각하는 자녀 부부들이 참으로 많이 있습니다. 그러면서도 자신의 생활에 간섭은 안 해주었으면 하지요. 그렇기에 경제적인 도움을 주지 못하는 부모를 '결점'으로 인식하는 자녀 부부들이 많은 것도 사실입니다.

이런 마음가짐이라면 아직 내 가정을 꾸릴 준비가 되지 않았다고밖에 할 수 없습니다. 내 가정을 책임질 준비가 안 된 것이지요. 부모에게서 독립되어 부부를 중심으로 한 가정을 꾸리는 것이 결혼입니다. 때문에 부모 부부 역시 자녀 부부를 존중해주어야 하고, 자녀 부부는 부모 부부에게 분리되어 각자의 삶을 구축해나가야 합니다. 부모 자녀 관계를 깨트리자는 것이 아니라, 부모의 삶과 자녀의 삶을 분리하되 서로 지지해주는 관계로 남아야 한다는 것입니다. 이때 분리는 존중을 바탕으로 이루어져야 하고, 지지는 개입이 아닌 곁에서 지켜볼 수 있는 거리를 두는 것이어야 할 것입니다.

내 부족분을 채워 주는 곳이 결혼이어야 돼!

겉으로 결혼이란, 성인이 되어 독립할 수 있는 사람들이 하는 것입니다. '책임질 수 있는 사람들의 만남'이지요. 안으로 결혼이라는 것은 과거의 빈자리를 채우고 싶어 하는 만남의 결과입니다. 이상적인 어머니와 아버지를 만나면 행복해지지 않을까 기대를 합니다. 서로가 상대방에게 이상적인 부모상을 가지다 보니 자신의 부족분을 채워 달라고 요구만 합니다. 그 결과, 서로 불만이 쌓이고 매번 불편한 감정들이 시도 때도 없이 불쑥 올라옵니다. 막연한 희망으로 결혼생활을 하게 되니 희망이 깨지는 것을 경험할 수밖에 없습니다.

결혼할 때 다들 혼수를 합니다. 내면의 허전함이 큰 집안일수록 상대 집안에 혼수 부담감을 줍니다. 의존성 욕구의 초보 단계가 물질적 욕구입니다. 눈에 보이는 가시적인 것으로 이 욕구를 충족하려는 것이지요. 명품이나 고급차, 돈 등으로 인간의 가치를 평가합니다. 내 가치는 곧 혼수이기 때문에 허전함을 채우기 위해 예물을 얼마나 하는지 뭘 받았는지가 중요한 것이 됩니다. 결혼식 준비가 혼수감 준비라고 여깁니다. '보이지 않는 사랑과 보살핌'의 부족은 '보이는 혼수나 선물'로 바뀌게 만듭니다. 혼수로 사랑을 확인하려 하지요. 결혼으로 우리는 또 다른 (감정적) 혼수를 가져갑니다. 누가 가지고 오라고 요구한 적도 없고, 본인 스스로도 가지고 가는지도 모릅니다. 과거의 감정들을 싸들고 결혼합니다. 자신도 모르는 새, 감정적 보따리를 펴놓게 되지요. 아마 서로가 '나의 감정적 혼수감들이 더 중요하다고 드러내고, 내

것을 소중히 여기고 채워달라고 요구하면서' 부부 싸움이 되지 않나 싶습니다.

'기댄다'는 것은 한편으론 따뜻한 말입니다. 하지만 기댐의 축이 한쪽으로 기울어져서는 금세 관계가 무너져 내립니다. 기댐이 치댐이 되는 셈이지요. 이것은 아직 내 가정을 책임질 준비가 안 된 모습이기도 합니다. 그냥 곁에 있다고 상대의 상황이 어떤지를 전혀 고려하지 않고 무작정 기대기만 한다면, 기대지도 못하고 넘어져 다칠 수도 있습니다. 서로 동등한 수준의 힘을 가지고 서 있어야 힘의 균형을 이루어 서로에게 기대고 있는 관계가 유지될 수 있습니다. 부모와의 관계에서 충분히 기대지 못한 채 결혼을 했어도, 이제 부부끼리는 기댈 수 있는 관계가 되었습니다. 단, 서로 기대는 것이지 한쪽만 기대는 것은 좋은 모습이 아닙니다. 힘의 균형이 필요합니다. 이 힘의 균형점은 각자의 심리적인 혼수감들을 풀어 헤쳐서 하나씩 점검하다 보면, 자연스럽게 알게 됩니다. 한쪽이 무조건 품어 주는 것으로는 균형이 되지 않습니다. 즉 배우자가 나의 기댐을 받아 줬다면, 나도 배우자의 기댐을 받아 주는 자세가 되어야 친밀한 부부 관계로 성장해 나갈 수 있을 것입니다. 서로가 기댈 수 있으면, 서로에게 채움이 가능해집니다.

Chapter 04

부부,

소모적인 힘겨루기는

도대체 왜 할까?

주도성, 힘을 차지하기 위해
돌진하는 부부의 욕구 충돌

혹시 내 마음대로 하고 싶어서
'결혼'한 것은 아닐까?

결혼하기 전엔 많은 여자들이 나쁜 남자 스타일을 좋아한다고 합니다. 나쁜 남자의 필수 조건은 '여자를 단박에 사로잡는 힘'을 가진 사람입니다. 카리스마가 느껴지고, 강해 보이기도 하고, 듬직해 보이기도 합니다. 내가 의지할 수 있는 사람 같아서 결혼 결정에 영향을 줍니다. 남자들은 어떨까요? 날 잘 챙겨 줄 따뜻한 여자를 원하면서도 내적으로 강한 사람을 찾습니다. 이렇듯 이성을 향한 끌림의 조건에는 '힘'이란 공통점이 있습니다.

그런데 서로 끌림의 조건이었던 힘이, 부부 관계에서는 이 '힘' 때문에 충돌이 일어나기도 합니다. 소위 말해 결혼생활의 주도권을 잡기 위한 힘겨루기가 시작되는 것이지요. 이제부터는 이 힘겨루기에 깔려 있는 욕구를 살펴보려 합니다. 부부 관계에서는 서로 기대려는 의존 욕구와 더불어, 이 힘에 대한 주도성 욕구도 크게 작용합니다. 힘에 대한 욕구는 본능적인 것이라 부부가 서로 우위를 차지하려는 마음을 이해하지 못하는 것은 아닙니다. 하지만 부부 갈등이 소모적인 힘겨루기로 끝나게 된다면 부부 관계를 위해서도 좋지 않을 것입니다. '싸우기 위한 갈등'은 서로에게 좋지 않습니다. 부부가 소모적인 힘겨루기를 피하기 위해서는 충돌하는 '힘'에 담긴 심리적 특성을 살펴볼 필요가 있습니다.

개인 삶에 나타나는 '힘'의 성장 과정

인간은 태어나면서부터 부모에게 충분한 돌봄과 사랑을 받고 이를 바탕으로 점차적으로 홀로서기를 하게 됩니다. 챙김과 돌봄의 욕구가 충분히 채워지면, 독립과 자유를 느끼고 싶어 하지요. 이것은 성장하면서 느끼는 아주 자연스러운 욕구들입니다. 이 기본적인 욕구들의 제일 첫 등장은 '내 맘대로 하고 싶어!'입니다. 이 등장은 두 돌 전후로 나타납니다. 생애 처음 나타나는 아이의 자율성, 주도성의 욕구가 고집이라는 형태로 나타나는 것이지요. 이 시기, 욕구의 큰 특징은 '내 맘대로', 즉 부모가 보기엔 '반항'이지만, 아이들은 부모에게 '내 말을 잘 들어 주길' 기대하는 것입니다. 통제받지 않고 내가 하고 싶은 대로 하고 싶어 하는 것이지요. 아이의 말과 요구가 부모에게 수용되면 '인정 욕구'가 충족됩니다. 이러한 욕구들은 개인이 성장해나가면서 모양새를 바꾸며 즉, 미숙한 행동에서 성숙한 행동으로 드러내게 됩니다. 물론 그저 세월로만 성숙이 만들어지진 않습니다. 충분히 욕구가 채워진 상태여야 세월이 성숙을 만들어 냅니다.

이 욕구의 가장 큰 정점은 '존중'입니다. 내 맘대로 하고 싶다는 것은 내 감정이나 내 상태를 지금 그대로 존중받고 싶어 한다는 것입니다. 나를 귀한 존재로 여긴다면, 나를 함부로 하지 말고 억압하지 말라는 것을 의미합니다. 나를 존중해달라는 뜻이지요. 인간 누구에게나 다 이 욕구가 있습니다. 기질에 따라 좀 더 강하게 표현되기도 하고 덜 나타나기도 하지만요.

이 욕구가 잘 충족되면 자존감이 높아집니다. 자존감이 높아지다 보니 다른 사람과 자신을 비교하지도 않습니다. 자신의 경쟁자는 다른 사람이 아니라 자기 자신이 됩니다. 다른 사람의 말 한마디, 한마디에 지나치게 휘둘리지도 노여워하지도 않게 되지요. 그리고 자신을 함부로 대하게 두지도 않습니다. 적절하게 거절할 줄도 알게 되고, 권위적이지는 않지만 권위가 없지도 않습니다. 스스로 권위를 가지려 하는 것이 아니라, 내면의 힘을 주변에서 존중하기에 자연스레 권위를 인정받게 되지요. 왜냐고요? 존중 받고 자란 사람은 당연히 다른 사람들을 존중할 줄 알게 되기 때문입니다. 비난을 자주 하지 않고, 다른 사람들에게 자기가 원하는 모습으로 움직여 주기를 강요하지도 않습니다.

주도성의 욕구는 여러 단계의 과정을 거치면서 성장합니다. 각 단계가 제대로 충족되면서 욕구도 성장하게 되지요. 아까도 말했지만, 이 욕구의 처음 모습은 '모든 상황을 내 맘대로' 하려는 것입니다. 그러다가 점점 '다른 사람들을 내가 원하는 대로' 하려 합니다. 또 '힘이 세고 이기고 싶은 욕구'들이 나타납니다. 그러면서 점점 '자기 생각을 스스로 결정, 선택할 수 있는 상황'을 즐깁니다. 여기서 성취감을 느끼지요. 주도성, 독립의 욕구는 사춘기 때 정점을 찍습니다. 그 이후로는 자신의 삶뿐만이 아니라, 다른 사람을 위한 삶에도 신경을 쓰는 단계(공익)로 성장해나가게 됩니다. 즉 주도성의 욕구의 결실은 독립심, 책임감, 자존감, 자기 관리 능력, 당당함, 높은 내적 동기 등입니다.

이렇듯 처음엔 힘을 자기 맘대로 사용하는 미숙한 모습에서 점점 자신에게 도움이 되는 힘의 사용을 배우게 되고, 더 나아가 주변과의 조화 속에 힘을 사용하는 것이 가능하게 됩니다. 이런 모습으로 힘의 성장이 이루어진다면 자존감이 높은 성인이 되어 부부 갈등 앞에서도 협력해 해결 방법을 모색해나갈 것입니다. 그러나 사실 이렇게 힘의 성장이 순조롭게 이루어지는 경우는 많지 않습니다. 환경과 부모와의 관계 등의 이유로 우리의 주도성은 '내 맘대로'의 단계에 머물러 있기 쉽지요. 갈등 상황이 오면 유치하게 7살 어린이 수준으로 다투는 어른들의 모습을 많이 볼 수 있습니다. 돌이켜보면 갈등 앞에서 내 주장만 내세웠던 모습도 꽤 자주 있습니다. 그렇다면 우리의 주도성 욕구는 몇 살 수준일까요? 부부 관계에서 이러한 힘에 대한 욕구는 어떤 영향력을 끼칠까요?

주도성의 욕구가 제대로 자라지 못한다면

유치원에서 초등학교 저학년 때까지 우리는 '이기고 지는 것'에 목숨을 겁니다. 물론 어떤 기질은 좀 더 긴 기간 동안 이기고 지는 것에 목숨을 걸기도 합니다. 남자아이들이 총, 칼, 로봇 등의 장난감을 선호하는 것도 이 욕구의 표현입니다. 시합해서 이기는 것이 센 것이 되고, 가위, 바위, 보를 해서도 이겨야 힘이 센 것이 됩니다. 불도 먼저 켜야 하고, 먼저 하는 것이 센 것이라 여기는 어린 때입니다. 힘이 세다는 것을 드러내기 위해 공격적인 행동을 하게 되지요. 이때는 모든 것을 이기고 지는 것으로 해석합니다. 사과하는 것, 배려하는 것을 약하다고 해석합니다. 반대로 힘이 세고, 물질적인 소유가 많은 것도 센 것으로 받아들이지요. 이 욕구가 워낙 비합리적이어서 첫 단계부터 부딪침이 생깁니다.

또한 이 주도성의 욕구는 부모가 보기에 버릇없이 시키는 태도로 나타나기도 합니다. 자신이 하고 싶은 것이 뭐든 부모에게 '해달라'고 요구하는 비합리적인 태도를 보이는 것이지요. 어린 시절의 이런 모습에 대해 부모는 '욕구의 일면'이라고 생각하고 허용, 설득, 타협을 하며 양육해나가는 것이 필요합니다. 이것에 가장 기본은 '존중'입니다. 아이를 존중하는 태도로 대하는 것이 중요하지요. 하지만 아이가 주도성을 보일 때 부모가 존중하는 태도를 취하기가 쉽지 않습니다. 그저 떼쓰는 것, 버릇 없는 행동이라 생각해 무조건 아이의 고집을 꺾으려 하거나, 통제하려 하지요. 그 결과, 아이의 주도성에 대한 욕구는 성장하지 못하고, 미숙한 자리에 머물러 있게 됩니다. 이렇듯 모든 주도성의 욕구는 '내가 주도'해야 직성이 풀리고, 누가 선택하느냐의 문제가 아주 중요한 포인트가 됩니다.

이 시기 어른인 부모가 강력하게 이런 욕구를 통제하면, 이기고 지는 것에 대한 감정을 자연스럽게 처리하지 못하게 될 수 있습니다. 극단적으로 표현하면 어른으로 성숙하지 못하게 됩니다. 몸은 자라서 어른이 된다고 해도 정서나 감정 처리 등에 대해서는 어른이 되질 못하게 되는 것입니다. 마음속에는 '내 마음대로 하고 싶다'는 욕구가 가득하지요. 그리고 실제로 내 맘대로 되지 못하면 화가 납니다. 기질적으로 주도성의 욕구가 센 사람이 있죠. 이런 기질은 부모에게 자기 요구를 끊임없이 합니다. 부모 역시 받아 주기 쉽지 않죠. 요구가 잘 받아들여지지 않으면 화를 더 많이 표현합니다. 자신을 위해, 자기 기분을 위해 (극단적으로 표현하자면) '내 맘대로 할 수 있는 대상'을 찾게 됩니다. 그것이 배우자가 될 수도 있고, 자신의 아이가 될 수도 있지요. 또 주도성의 욕구를 충족할 수 있는 새로운 울타리를 만들고 싶어 합니다. 즉 결혼으로 형성된 새로운 가족과 울타리가 생기면 내 마음대로 하고 싶다는 욕구가 더욱 드러나게 되는 것입니다.

어떤 사람은 '어릴 때 충분히 내 맘대로 하고 자랐다'고 합니다. 그렇다면 주도성의 욕구가 성숙해져야 하는데, 어른이 되어서도 내 맘대로 하려 합니다. '내 맘대로 하는 것'이 습관이 되어서일까요? 기질적으로 '힘이 강한 사람'이 부모의 무관심으로 방치가 되었다면 주로 이와 같습니다. 부모의 충분한 관심 위에 주도성의 욕구가 충족되어야 성숙한 모습이 됩니다. 이런 면에서 본다면, 부모가 자신의 주도성을 충분히 받아 준 것이 아니라, 그저 무관심하게 방치한 것입니다. 물론 가정의 규칙들이 전혀 없지는 않았을 겁니다. 정서적으로 무관심하면서 규칙은 엄하게 요구하는 분위기였다면 힘의 욕구는 어른처럼 자라지 못하고 아직도 그 어린 시절 그대로만큼만 자라 있을 것입니다.

지나친 배려도 내 맘대로 욕구의 모습이다

어떤 사람은 스스로 남을 잘 배려하는데, 그것을 상대방이 몰라 줘서 속상해하기도 합니다. 언뜻 보면 남을 잘 챙기고, 신경을 써서 남들에겐 좋은 사람 소리를 듣지만, 정작 받는 배우자는 힘들어 합니다. '왜 당신 마음대로 하냐'면서 말입니다. 자신은 배우자를 대하는 방식에 대한 만족도가 높습니다. 화를 내지도 않으니 스스로 배우자를 귀하게 여긴다고 생각합니다. 그러나 이것도 건강한 부부 관계는 아닐 수 있습니다. 왜냐구요? 상대방을 배려하려는 마음이나 의도는 정말 좋지만, 상대방의 생각보다 내 생각이 더 우선이 되어서 알게 모르게 주는 배려를 강요하거나 설득하게 되기 때문입니다. 내가 상대방을 귀하게 여기고 잘 대해주려고 하기 때문에 나는 옳다고 여깁니다. '나 같은 남편이 어디 있어. 나 같은 아내가 어디 있어.' 같은 생각으로요. 내가 주도적으로 상대방을 '돌보기 시작'하면 나의 성취감과 기쁨은 커집니다. 그래서 내가 잘하고 있다고 여깁니다. 그런데 상대방이 나의 호의를 거절하면 기분이 나빠지고, 내 성의를 무시한다고 여기지요. 이런 부부 관계에서 극단적인 경우, 배우자를 '인형처럼' 대합니다. 마음에 '내 맘대로의 욕구'를 장착하고 말입니다. 겉으로는 배우자를 섬기고 배려하는 것처럼 보이지만, 배우자가 원하는 호의가 아닌 내가 하고 싶은 호의를 베풀지요. 이것을 거절하면 무척 서운하고 심지어 화를 내기도 합니다. 배우자에게 몸에 좋은 것을 먹이려 하고 몸에 나쁘다고 여기는 것은 제지를 시키고, 자신의 눈에 예뻐 보이는 것을 사다 줍니다. 배우자가 원하는 스타일이 아니어도 말입니다. 이런 호의와 배려는 오히려 배우자를 숨 막히게 만듭니다. 누가 봐도 배려처럼 보이지만 그 속에 담긴 통제의 힘을 배우자는 느낄 수 있기 때문입니다.

어떤 아내는 내조라는 이름으로 자신의 존재 없이 오로지 남편만을 위해 일합니다. 남편의 손 하나 까딱하지 않게 합니다. 남편이 의존의 욕구가 강하다면 이것을 즐기기도 할 것입니다. 그러나 대부분의 경우, 남편은 이러한 챙김이 나의 의사와 상관없이 아내가 하고 싶은 대로 한다고 여기게 됩니다. 남편이 부담스러워 하면 '내가 이렇게 애쓰며 잘해주는데, 왜 그걸 모르냐'고 속상해하고, 절대로 자신이 잘못했다고 여기지 않습니다. 화를 내지도 않고 부드럽게 보여 통제하려 드는 외양이 아니기 때문입니다. 하지만, 이런 챙김은 배려가 아닌 간섭입니다. 누구든 인간관계에서 사랑이라는 이름으로 '상대방을 자기 맘

164

대로 할 권리'는 없으며 그건 사랑이 아닌 '내 맘대로 욕구'의 표현이기

때문입니다.

대체 이기면
뭐가 남는가?

부부 싸움에서 이기면 뭐가 남을까요? 간혹 어떤 부부들에겐 이기는 것 자체가 의미 있기도 합니다. 하지만 많은 부부들이 부부 싸움을 하다 보면, 어느덧 싸움에 대한 의미는 상실하고 이기려는 마음만 남아 있기 마련입니다. 우리 내면에 뿌리 깊게 자리한 주도성의 욕구가 실체를 드러내게 되지요. 왜 싸우느냐는 중요하지 않습니다. 그것이 중요했다면 갈등을 해결할 방법이 벌써 나왔을 것입니다. 이기고 싶다는 욕구가 더 중요하기 때문에 갈등의 해결 따위는 안중에도 없습니다. 그저 배우자를 굴복시키고 내가 우위에 서고 싶다는 마음뿐이지요.

스포츠 게임도 아니고, 부부 싸움에서 이기고 진다는 것이 가능할까요? 어느 싸움에서는 누구도 이긴 자가 나오지 않습니다. 서로 졌다고 생각하고 상대를 향한 분노로 괴로워하지요. 어느 싸움에서는 모두 승리자입니다. 서로 이겼다고 생각하고 만족스러운 웃음을 짓습니다. 이기고 진다는 생각 자체가 갈등에서 자신의 힘을 확인하는 행동입니다. 이기면 내 마음속에는 '역시 내가 더 강해'란 생각이 새겨지겠지요. 자존심 때문에라도 이겨야 한다고 생각하고, 자신이 불합리한 것을 알면서도 물러서지 않습니다.

주도적이고 통제력을 가지고 싶어 하는 사람은 배우자를 찾을 때도 자신에게 순종적인 사람을 찾습니다. 결국 싸움에서 이긴다는 것은 '자신의 힘'을 느끼고 싶다는 것입니다. 힘을 통해 존재감을 느끼기 때문에 부부 싸움에서도 항상 배우자를 이겨야만 직성이 풀립니다. 싸울 때면 항상 "왜 당신은 한마디도 안 지냐?"는 표현을 합니다. 갈등에서 해결보다는 상대 배우자를 이겨야 한다는 것이 마치 공식처럼 정해져 있는 것이지요. 때론 이긴다는 것으로 전개되기보다 내 뜻을 굽히지 않는다는 것으로 표현되기도 합니다.

주도성의 욕구가 제대로 성장하지 못하면, 기질에 따라서 주눅이 드는 것으로 드러나기도 합니다. 자기 표현하는 것을 어려워합니다. 내 주장했다가 배우자가 화를 낼까 봐 두려워 겁을 냅니다. 순종적으로 부당한 대우를 참고 살지요. 부부 관계가 수직적인 관계로 유지됩니다. 잘 맞추어서 사는 것처럼 보이니까 남들은 '착하다'는 소리를 합니다. 결국 주도성의 욕구가 제대로 자라지 못해서 참고 사는 사람은 주도성의 욕구가 왜곡된 사람을 만나 수직적인 관계를 형성하게 된다는 것입니다.

자신감과 자존감의 결정적 차이

힘에 대한 욕구가 큰 사람들은 다른 사람을 통제하길 원합니다. 부부 관계에서도 배우자가 자신의 말대로 따르지 않으면, 그것을 문제로 보고 싸우게 됩니다. 배우자 역시 자신의 생각과 감정으로 행동하는 것일 뿐인데, 그것을 문제 상황으로 보는 것이지요. 싸울 만한 일이 아닌데도 말입니다. 이렇게 '싸우기 위한 갈등'처럼 보이는 다툼이 부부 생활에서 자주 일어나게 되면, 다툼이 끝난 후에도 공허함을 느끼게 됩니다. 대체 무엇을 위해 이렇게까지 싸웠는지 하는 생각에 관계에 회의감을 갖게 되는 것이지요.

정민 씨는 아내 앞에만 서면 바보가 되는 기분이다. 바깥에서는 나름 인간성 좋고, 일 잘한다는 소리를 드는 편인데, 집에서만은 딴판이다. 정민 씨는 집안에서 자기주장을 제대로 하질 않는다. 그도 그럴 것이 어차피 집안의 모든 일은 아내의 권한이고 아내의 생각대로 흘러가기 때문이다. 어쩌다 정민 씨가 의견을 내고 이끌어 보려고 들면 아내는 불같이 화를 내기 일쑤다. 아내의 주장은 한결 같다. 정민 씨가 자신보다는 서툴다는 것이다. 아이의 양육에 관해서도, 시댁과 친정 행사에 관해서도, 이사 같은 집안의 일에 관해서도 말이다. 아내는 정민 씨에 잘한다는 소리를 한 번 해본 적이 없다.

얼마 전에는 가족 여행 문제로 부부가 크게 싸우고 말았다. 아이와 함께 떠나는 첫 해외여행이라, 이왕이면 휴양지가 좋을 것 같다는 정민 씨의 의견에 대해 아내가 반발을 한 것이다. 아내는 친척이 있는 이웃나라 일본으로 가자고 이야기하지만 정민 씨는 휴가만큼은 오롯이 가족하고만 보내고 싶다고 차근차근히 이야기했다. 그랬더니 아내가 갑자기 아내 쪽 친척은 가족이 아니냐며 언성을 높이는 것이 아닌가? 아내의 갑작스러운 화에 정민 씨는 황당하기도 하고, 너무 자기주장만 내세우려는 것이 얄밉게 느껴져 '왜 화를 내냐?'며 대꾸하자, 아내는 그런 정민 씨를 도저히 이해 못하겠다는 태도로 불같이 화를 냈다. 그렇게 한바탕 부부 싸움을 하고 정민 씨는 도저히 참을 수 없어 집 밖으로 나왔다. 이 집에서 대체 나는 뭔가? 싶은 생각이 든다. 억울하고 허탈한 마음이 들지만 아내는 늘 당당하다. 정민 씨는 줄담배만 피우다 식구들이 잠든 시각에야 집에 들어갈 수 있었다.

힘에 대한 욕구가 큰 사람은 여러 상황에 대한 통제 경험이 있기 때문에 자신감이 있습니다. 당당하고 목소리도 크지요. 그래서 자신들이 자존감이 높다고 생각합니다. 그러나 이것은 착각에 불과합니다. 오히려 이런 사람들은 자신감은 있을지 모르지만 자존감이 낮은 편입니다. 다른 사람을 마음대로 하는 것에서 자신의 존재감을 느낄 수 있기 때문입니다. 자존감이 높은 사람은 다른 사람을 자기 마음대로 하지 않아도 스스로의 존재감을 느낍니다. 다른 사람을 통제하려 들거나 자기가 원하는 대로 해주길 요구하지 않지요.

　힘에 대한 욕구는 큰데 자존감이 낮다 보니 통제에 대한 상대방의 반응에 따라 자신의 기분이 확확 달라집니다. 일단 어떤 사안에서든 배우자를 가르치려 하고, 내 말대로 따라 주기를 원하게 되지요. 자신의 주장에 상대방이 토를 달면 기분이 나빠집니다. 자기 말에 이의를 제기하는 것 자체를 싸움을 거는 행위처럼 느끼기 때문입니다. 비난이나 지적으로 여기고, 무시한다고 생각합니다. 그래서 문제 상황이 아닌 부분에서 갑자기 화를 내기 일쑤입니다. 상대 배우자는 황당하고, 불만스럽기 마련이지요. '내가 자기 기분에 따라서 해야 하나?'란 배우자의 반응이 나오게 됩니다.

　이런 식의 싸움을 피하기 위해 상대방 쪽에서는 그 주장을 들어주는 식으로 갈등을 피해가게 되면, 통제 경험에 대한 성공이 많아지게 됩니다. 그 결과 자신감이 더 쌓이고, 자기주장이 옳다는 생각을 더욱 하게 되지요. 상대에게 '내가 옳으니, 그에 반하는 당신은 틀렸다' 식의 메시지를 담아 이야기하게 되고, 잔소리도 늘게 됩니다. 만일 부부가 둘 다 자존감은 낮은 채 주도권에 대한 욕구가 강하다면 싸움은 걷잡을 수 없어집니다. 시도 때도 없이 충돌할 수 있으며, 한쪽 배우자가 자신이 원하는 만큼 주도성을 드러내지 못하면 엄청난 스트레스를 받게 됩니다.

결정장애 혹은 독단적 결정 - 주도성이 채워지지 못하면

부부 싸움의 주된 테마 중 하나가 '왜 당신 맘대로 혼자서 결정했냐' 는 것입니다. 의논을 원하는 사람은 '같이 사는 사람'으로서 의논하는 것이 타당하고 이것이 적절한 부부 관계의 형태라고 생각합니다. 나를 삶의 동반자로 인정한다면, 날 중요하게 여긴다면 말입니다. 그런데 의논을 원치 않는 사람은 굳이 이야기해야 할 필요성을 못 느낍니다. 내가 다 알아서 할 텐데 뭘 번거롭게 하냐는 생각에 나중에 가끔 통보하는 식입니다. 겉으로는 의논할 필요가 없어서 그렇다고 하지만, 내면에는 '의논하는 것이 동등하다는 것을 인정하는 것 같아서 싫다'는 마음이 자리합니다. 상대 입장에선 당연히 나를 고려하지 않았다고 생각할 수밖에 없죠. 가족의 양대 축을 부부로 보고 있다면, 대소사를 의논하는 것은 당연합니다. 동등한 관계라고 인식하지 않으면, 의논이라는 것 자체가 '머릿속에' 없을 수도 있습니다. 독단적인 결정을 하는 사람들은 자신이 우위에 있다고 여기기 때문에 '지시적이고, 남의 말을 듣지 않고, 비난이나 무시하는 말투'를 습관적으로 내뱉습니다. 본인은 이런 태도를 보이면서 상대방이 자기 의견을 표현하면, 지시적으로 듣고 날 함부로 하고 무시한다면서 무척이나 싫어하지요.

한편으로 거꾸로, 하지 않아도 되는 의논까지 일일이 하는 경우도 있습니다. 겉으론 의논이라는 말을 쓰지만, 누구를 만나거나, 이 옷을 사도 될까 하는 식의 개인적인 일까지도 배우자에게 의논을 하는 식입니다. 그 일로 인해 배우자에게 영향을 주지 않는 경우까지 굳이 의논한다면, 이것은 주도성의 욕구가 제대로 채워지지 못해서 보이는 모습인 셈입니다. 소위 말하는 '결정장애'가 있는 것입니다. 혼자서 어찌할 바를 모르는 것이지요.

부부 관계는 결코 일방적이어서는 안 되고, 상호 소통이 이루어져야 오래 유지될 수 있습니다. 한쪽이 관계를 통제하려 들면, 통제당하는 배우자는 '나를 함부로 대한다'는 생각에 무력감을 느끼고, 우울증이나 홧병이 생길 수도 있습니다. 자신의 욕구를 제대로 드러내지 못하게 되므로, 억울함이 내재되어 또 다른 분노장애를 일으킬지도 모릅니다. 이런 힘의 압박을 받으면서도 아이 때문에 참고 지내는 부부가 실제로 많습니다. 그러다가 자녀들이 장성하고 나면 나의 존엄성을 찾기 위해 선택하는 것이 바로 황혼 이혼입니다. 황혼 이혼의 내막을 대부분 살펴보면 거의 한쪽 배우자가 일방적으로 통제하려 들고, 결혼생활에 인격적인 대우와 존중이 결여되어 있습니다. 결국 모독을 참다가 터져버리면서 황혼 이혼을 결정하는 것이지요. 즉 주도성의 욕구가 결핍된 사람이 결혼생활에서 그 욕구를 휘두르다 부부 관계의 종식을 부른 것입니다.

혹시 사랑을 바탕으로 서로 동등해야 할 부부 관계임을 잊고 있지는 않나요? 지금 배우자를 내 말을 잘 들어주는 사람 정도로만 취급하고 있지 않은지요? 그렇다면 자신이 지금 성숙한 힘의 주인으로 조절하고 있는 것이 아니라, 힘의 노예가 되어 휘둘리고 있음을 알아야 합니다. 당당하고 멋있다고 생각했던 자신의 모습이 자존감이 낮아서 생기는 통제 욕구임을 역시 알아야 합니다. 스스로 알게 된다면, 조금이라도 배우자를 향한 주도성의 욕구를 줄일 수 있기 때문입니다. 내가 싫으면 남도 싫다는 것을 인정해야 할 때입니다.

행복한 이기주의자의 오해

화기애애한 부부 생활을 위해서는 부부의 행복은 물론 자신의 행복도 중요합니다. 가족과 함께하지만 우리에겐 각자 개인의 영역이 존재합니다. 그 개인의 영역을 서로 존중하고, 맞춰나가는 노력도 부부에겐 매우 필요한 것입니다. 그런데 이 개인의 행복이 간혹 부부 간의 문제가 되는 경우가 있습니다. 배우자를 '자신의 행복을 위해 존재'하는 자원 내지 배경으로 여길 때 그렇습니다.

누구나 '내가 원하는 것을 할 때' 기분이 좋아집니다. 내가 원하는 대로 상황이 전개되면 기분뿐 아니라 스스로 유능하다 여기고, 행복해하지요. 결혼 후 부부에게는 '배우자가 내가 하고 싶은 것을 맞춰 주면 얼마나 좋을까'란 바람을 가지게 됩니다. 이것이 내조나 외조란 이름으로 포장되어 배우자에게 요구되기도 합니다. 한편으로는 간섭받지 않고 싶다는 것, 자유를 만끽한다는 것으로 나타나 자기계발이나 자아실현으로 표현하기도 합니다. 부부 관계에서 한쪽은 의존성의 욕구를 보이고, 한쪽은 주도성의 욕구를 보일 경우, 의존적인 배우자는 이것을 불안해할 수 있습니다. 배우자에게 기대고 싶은데, 배우자는 자기 맘대로 할 수 있는 개인의 영역에 더 많이 신경 쓰니까요.

어릴 적 주도성의 욕구를 성장시키지 못하고, 부모에게 통제되어 자기 마음대로 못하고 살았다고 느끼는 사람은 결혼을 자기 집으로부터의 해방으로 느낍니다. 결혼과 동시에 이제 내가 하고 싶은 것을 다 할 수 있다고 생각하는 것이지요. 하고 싶었던 취미생활도 열심히 합니다. 배우자를 찾을 때도 '내가 하고 싶은 것을 허락해주는 이상적인 사람'을 찾게 되지요. 만일 배우자가 자신의 활동을 응원하거나 허락하지 않으면 자유를 박탈당한 느낌이 듭니다. 당연히 행복하지 않다고 느끼지요. 배우자가 마음에 안 들어 짜증이 납니다. 내면에서 날 맞춰 줄 사람, 날 행복하게 해줄 사람을 찾아 결혼을 했는데 말입니다.

부부 관계에는 서로 공유되어야 하는 시간, 장소, 관심사가 어느 정도는 반드시 있어야 합니다. 내가 행복해야 가족이 행복하다는 식의 사고로, 자신의 영역만을 배우자가 무조건 이해해주길 원해서는 안 됩니다. 이것을 잘 이해해주는 배우자는 '내조(혹은 외조)'를 잘해준다 식으로 허울 좋게 포장해서도 안 됩니다. 과거에 채워지지 못한 '내 맘대로의 욕구'를 결혼을 통해 당연한 듯이 채우려 들어서는 안 됩니다. 이것을 자아실현이나 자유로운 삶으로 포장하는 사람들이 있습니다. 개인의 자아실현에 대해서도 부부가 서로 어느 정도 합의되고, 공유와 설득을 하는 과정이 반드시 필요합니다. 그렇지 않으면 내 행복을 위해 부부의 행복, 가족의 행복을 희생시키고 있는 상황이 될 것입니다.

결국 자신의 행복을 누린다고 생각하지만, 이것은 결핍된 욕구에 휘둘리고 있는 모습일 뿐입니다.

우리 집은 가장이
제일 문제야!

가부장적인 문화에 살아온 우리는 예전엔 가족의 무게 중심에 가장을 두었습니다. 시대가 변하고 사회가 달라짐에 따라 사고방식이 바뀌어 남녀의 교육 수준이 비슷해졌습니다. 여자들의 사회 활동이 많아지면서 집안의 가장 역할을 때로는 남편이 아닌 아내가 맡기도 합니다. 사회는 변하지만, 사람들은 일률적으로 생각이 똑같이 변화하진 않습니다. 각자가 생각하는 가장의 역할도 제각기 더 달라지게 된 것이지요. 그러다 보니 집에서 가장의 역할로 인한 갈등은 자주 터져 나옵니다. 생각은 아직도 가장이 중심인데, 외적인 변화는 그렇지 못합니다.

남편 입장에서는 가장의 권위는 약해지면서 의무만 요구하는 것 같고, 아내 입장에서는 경제적으로도 가장으로도 만족스럽지 못한 것 같습니다. 가장 역할에 대한 갈등은 부부들이 아직 시대 변화에 적응하지 못하고 있는 반증이기도 합니다. 남편은 가장으로서 권위는 인정받고 싶고 아내와 집안 생계의 부담을 나누고도 싶습니다. 아내는 남편이 돈도 잘 벌면서 가족을 살뜰히 챙겼으면 하고 바랍니다. 어쩌면 서로 자신은 변화를 거부하면서 배우자는 시대의 변화를 따라가길 원하고 있는 모습인지 모릅니다.

권위에 대하여

요즘 가장에 대한 이미지는 조금은 서글픈 느낌입니다. 상담실에서 남편들은 집에서의 권위가 예전만 못하다면서 불만을 터뜨리지요. 아이들도 아빠를 우습게 보고, 아내도 가장 대접을 해주지 않는다고 말합니다. 아내는 아내대로 할 말이 무척 많습니다. 가장의 역할을 제대로 하지 못하면서 대접을 받으려 한다고 말이지요. 이와 같은 부부 갈등을 통해 가장에 대한 남녀 시각이 극명하게 다르다는 것이 잘 드러납니다. 결혼 전에는 자유롭게 살았던 남자도, 결혼하고 나서는 가부장적인 태도로 변모하기도 합니다. 결혼을 하고 남자는 가장으로서 책임감과 동시에 권위를 느끼고자 합니다. 남편들이 말하는 가장의 권위는 무엇일까요?

유정 씨네 집은 밥 먹을 때만 되면 남편의 침묵과 호통뿐이다. 가부장적인 남편으로 인해 식구들은 밥상머리에서 입도 제대로 뻥끗하지 못한다. 남편의 말을 존경하는 태도로 듣지 않으면, 식사는커녕 밥상을 뒤엎는 수준의 호통이 나오기 때문이다. 유정 씨는 그런 남편이 답답할 뿐이다. 이미 사춘기인 아이들은 남편의 말을 한 귀로 듣고 한 귀로 흘린다. 한번은 남편이 밥상에서 호통을 치고 난 뒤 아이들을 달래러 방문을 두드리려는데 "저 XX, 왜 저래? 회사에서 엿 먹었나?"라는 큰 아이의 말을 듣고 말았다. 아이들은 제 아빠를 가장은커녕 아빠 취급도 하지 않고 있었다. 남편이 아이들에게 호통을 치면 칠수록 아이들은 더욱 멀어지고, 남편을 우습게 본다. 이런 상황을 남편도 알았으면 하지만, 남편은 전혀 듣지를 않는다. 오히려 유정 씨만 애를 제대로 못 키운다며 나무라기 때문에 아예 말도 못 꺼내고 만다. 처음에는 가부장적인 남편이 무서웠던 유정 씨지만 지금은 불쌍하다는 생각이 든다.

권위의 사전적 의미는 '남을 통솔할 수 있는 힘'입니다. 가장의 권위는 식솔들을 통솔할 수 있는 힘에서 나오는 것이겠지요. 과거에는 남자들에게 가장의 권위가 주어졌습니다. 가족의 생계를 책임지고 있고, 집안들의 힘으로 많은 대소사를 치러냈던 과거에는 집안의 대표자격인 남자들의 몫이 컸기 때문입니다. 하지만, 지금은 여자들도 경제능력이 출중해지고, 집안의 많은 대소사를 서비스로 대행할 수 있는 세상입니다. 또한 맞벌이건 외벌이건 집안의 생계에 관해 여자의 몫이 더 커지는 세상이 되었습니다. 남을 통솔할 수 있는 힘은 이제 남자만의 몫이 아닌 것이 된 것이지요. 하지만 많은 남편들이 아직도 '통솔의 힘'이 자신에게 있고, 그래야만 한다고 생각합니다. 그리고 그 힘을 행사하려고 합니다.

사실 '남을 통솔할 수 있는 힘', 즉 권위는 그것을 드러내는 것에 초점을 맞추고 있지 않습니다. 권리가 아닌 책임에 초점이 있다는 것입니다. 자연스럽게 힘을 발휘하는 것에 초점이 맞춰져 있습니다. 그렇기에 권위는 매우 긍정적인 의미가 담겨 있는 말입니다. 자신의 힘을 발휘해 식구들이 통솔되고, 그 힘의 위력을 식구 각자가 인정하게 되기 때문입니다. 가장의 책임 있는 행동의 결과로 권위를 갖게 된다는 것이죠. 그런데 많은 가장들이 권위를 발휘하기보다 인정받기를 원합니다. 권위를 갖고 싶어 한다는 것입니다. 이런 사람을 권위적이라고 하죠. 긍정적이었던 권위의 의미가 권위적이 되면 '힘으로 남을 억압한다'는 의미로 바뀌어 버립니다. 다시 말해, 권위적인 태도로 다른 사람, 즉 배우자나 자녀에게 힘을 행사하려고 하는 것이지요.

권위는 어릴 때부터 부모를 비롯해 존중받아온 마음의 성장 결과입니다. 권위는 목적이 될 수 없습니다. 그런데 많은 부부 관계에서, 특히 남편이 권위적인 태도를 보이며 자신이 집에서 가장 센 존재라는 것을 보여주려고 합니다. 그러다 그 힘에 반발하는 식구들의 외면을 받으며, 오히려 집안에서 가장 소외되는 존재가 되어 버리고 맙니다. 이 시대의 가장의 권위와 역할을 다시금 생각해야 합니다. 존중을 받고 자란 사람은 나를 비롯한 다른 사람을 존중함으로써 권위를 인정받게 됩니다. 남편으로, 아내로, 아빠로, 엄마로 말입니다.

혹시 지금 가족들이 가장의 권위에 도전하고 있다고 느껴지나요? 배우자가 나를 무시하고 있는 것 같습니까? 이 마음들이 배우자와 식구들의 반응(순종)을 통해 자신의 권위를 확인하려 드는 자신의 욕구는 아닌지 살펴봐야 합니다. 그리고 가장의 권위를 '힘의 행사'에만 초점을 맞추고 있지는 않은지 점검해야 할 것입니다. 힘을 행사하려 들지 않는다면 서운함과 갈등들이 자연스럽게 줄어들고, 적극적인 소통의 문이 열리게 될 것입니다.

무책임한 가장에 대하여

가장의 역할에 대한 시각이 다양하다 보니, 기대에 부응하지 않는 가장의 모습에 부부 다툼이 일어나는 일도 많습니다. 권위를 찾는 가장과 달리 아예 권위를 포기하는 가장도 있는 것이지요. 생활비를 주지 않는 것도 지나칠 정도로 떳떳하게 여기고, 일하지 않는 것에 대해 미안함을 보이지 않는 남편들도 있습니다. 어떤 부부는 시댁에서 경제적인 도움을 받으며 생활하기도 합니다. 아내는 이 상황을 속상해하고 답답해하는데 남편은 이것에 대해 속상해하지 않습니다. 남편의 말을 들어보면 나중에 어차피 유산을 받게 될 것이니 이걸 미리 받는다고 생각하고 있다고 하더군요. 답답한 아내가 가장의 역할을 운운하면 "왜 남자만 다 희생하고 살아야 돼?" 식의 태도를 보입니다.

어린 시절 지나치게 통제받는 환경에서 자란 사람은 대충 시키는 것만 하고, 책임지지 않는 상황으로 회피하는 능력이 발달합니다. 또 어떤 부모는 너무나 귀한 자식이어서 지나치게 과잉보호로 키웁니다. 이렇게 부모가 모든 상황을 대신해주면서 키우면 나중에 어른이 되어서도 책임감이 자라질 못하게 됩니다. 이런 환경에서 자라 어른이 되면 자유로움만 추구하고 책임지는 것은 귀찮아 하면서 회피하게 됩니다. 가장이 되어 도저히 책임을 회피하면 안 되는 문제에서도 그런 태도를 보이게 됩니다. 그러면 고스란히 이 몫은 배우자나 자녀, 혹은 자신의 부모에게 가게 됩니다. 어떤 일에 책임감을 갖는다는 것은 '머릿속에 계획이나 설계가 있고 해결 방법까지 고민한다는 것을 의미합니다. 부부가 가정에 대한 밑그림을 함께 그리고 살림을 꾸려 나가야 한다는 것이지요. 그런데 가장이 책임을 회피하면 배우자 혼자 이 모든 것을 떠안거나, 자녀가 일찍 철들어(좋은 모습이 아닙니다. 아이는 아이다워야 정상입니다.) 가족의 앞날을 함께 걱정하는 식으로 상황이 흘러가게 됩니다. 자녀 역시 제대로 된 주도성의 욕구를 키워 나가지 못하고 억눌린 채 자랄 가능성이 커지는 것이지요.

'다른 집 남편은 이만큼 벌어와!'
'다른 집은 아내가 돈을 더 잘 벌어!'
'가장이 아니라 애물단지야!'
'이 집에서 가장이 대체 누구야?'

가장이라고 혼자 모든 힘을 누리거나, 반대로 모든 책임을 떠안아야 하는 것은 아닙니다. 그런데 주도성의 욕구가 제대로 성장하지 못하면, 가장의 책임에 대한 부담감이 엄청납니다. 너무 무겁게 느껴지기 때문에 회피를 하고 싶죠. 제대로 성장하면, 책임이란 '역할을 즐겁게 하는 것'으로 받아들여집니다. 가장에 대한 막연한 책임감으로 역할을 회피하는 경우, 이 막연함을 깨어 주는 것이 문제를 해결하는 방법이 됩니다. '왜 난 가장 역할이 이렇게 부담스러운지' 등에 대해 부부가 이야기를 나누는 것이 중요합니다. 그 과정에서 각자가 기대하는 '가장의 모습'도 드러나고, 내 자신이 원 가족과 어떻게 관계 맺고 문제를 해결해왔는지도 드러나게 될 것입니다. 그러면서 내면에 있던 욕구의 결핍도 직면하게 될 것입니다. 그것을 인지하고 인정하게 되면 변화의 씨앗이 심어지는 것과도 같습니다.

가장에 대한 기대치 차이를 대화로 나누면서 부부는 실질적인 '가장'의 역할을 새로이 잡아 나가게 될 것입니다. 다른 어느 집도 아닌 우리 집에 맞는 가장의 역할과 가풍을 만들어 가는 것도 필요합니다. 이 과정에서 책임을 회피해왔던 과거의 모습에서 벗어나 가정에서의 자기 역할을 제대로 해내려는 태도로 성장하게 될 것입니다. 가장에게도 지지적 관계가 필요합니다. 가장 홀로 가정을 떠안는 것이 아니고, 부부가 함께 소통하며 합의해 나간다면 책임감 있는 가장의 모습을 찾을 수 있을 것입니다.

맞벌이 부부의
힘겨루기

요즘은 맞벌이를 하는 부부들이 정말 많습니다. 일이 주는 성취감과 경제적인 만족도로 인해 결혼 후 맞벌이는 이제 자연스러운 모습이 되었지요. 그렇다 보니 맞벌이 부부의 집안일에 대한 분담은 부부 갈등이 주요한 내용이 됩니다. 아내들이 속상해하는 부분은 한결같습니다. "왜 집안일을 여자가 도맡아야 하는가?"입니다. 남편과 똑같이 사회활동을 하고 있는데, 집안일에 관해서는 아직도 여자 몫으로 여기느냐는 것이지요. 남편들의 반응도 한결 같습니다. "누가 아내보고 일하라고 떠밀었나?"입니다. 아내에게도 사회적인 활동이 매우 중요한 영역임을 인정하지 않는 태도이지요. 이렇다 보니 집안의 소소한 일들로 인한 갈등이 부부 생활 곳곳에서 터져 나옵니다.

주말이면 늘 부부 싸움을 하는 것 같다. 워킹데이 5일을 바싹 열심히 일하고 주말에는 좀 쉬어야 하는데 도통 쉬는 시간이 나질 않는다. 아니 오히려 워킹데이보다 더 힘들게 일하는 기분이다. 온통 쌓여 있는 집안일이 주현 씨를 기다리고 있기 때문이다. 어제 저녁에도 주현 씨는 밤늦게 일을 마치고 퇴근길에 24시간 마트에 들려서 장을 보고 왔다. 집 냉장고가 텅 비어 있기 때문이다. 솔직히 주현 씨는 주말에도 편하게 외식하고 싶은 마음이다. 그러면 좋으련만 남편은 주말에라도 집밥을 먹고 싶다며 계속해서 투덜거린다. 얼마 전에는 남편이 시어머니와 통화하면서 "밥은 잘 챙겨 먹냐?"는 질문에 "맨날 시켜 먹는다"고 대답하는 것을 보고 말았다. 아니나 다를까 주현 씨에게 그날 바로 시댁에서 전화가 왔다. 주현 씨에게 이런저런 안부를 묻는 전화였지만, 전화의 요지는 '남편 밥을 잘 챙겨라' 였다. 결국 주현 씨는 피곤한 몸을 기어이 일으켜 토요일 아침부터 밥을 안치고 국을 끓였다. '배달 음식이나 외식이 몸에 좋지는 않으니까'라며 자신을 설득시키면서.

문제는 그 시각 남편은 아무것도 하지 않고 소파에 누워 TV나 보고 있었다는 것이다. 주현 씨가 빨래를 돌려 달라고 부탁했지만, 알겠다는 대답만 할 뿐 누운 자리를 떠나질 않았다. 결국 토요일 하루 주현 씨 혼자 집안을 동동거리고 다니며 빨래, 청소, 설거지 등의 집안일을 해치웠다. 일요일에는 꼬박 쉬겠다는 다짐을 수없이 하면서 말이다. 장보기까지 마치고 그날 저녁 잠자리에 들었는데, 남편이 갑자기 내일 친척의 결혼식이 있다고 전하는 것이 아닌가? 주현 씨는 울컥 화가 치밀었다. 주말에 자신이 쉴 시간은 전혀 없고, 일만 하다 시댁 행사로 주말을 보내야 한다니 너무 불공평하다는 생각이 들었다. 이런 식이 대체 몇 번째인지 모르겠다. 한두 번 집 안일을 챙기니깐 모두 다 떠안게 되는 기분이다. 절대 이렇게 해서는 안 된다는 생각에, 결국 주현 씨는 잘 시간에 남편과 대판 싸우고 말았다.

집안일에 대한 역할 분담은 결혼 전과 후가 너무도 달라집니다. 결혼 전에는 공평하게 분담이 될 것 같았는데 결혼하고 나서는 어찌 된 영문인지 한쪽으로 치중되기 일쑤입니다. 결혼생활이라는 게 실제로 살면서 벌어지는 소소한 영역들이 많다 보니 결혼 전에 미리 일일이 분담할 수는 없습니다. 살면서 서로 협의하고 조율하는 영역들이 반드시 생기는데, 여기서 서로 갈등하게 되는 것이지요. 그리고 이것은 서로 '주도권'을 드러내는 싸움의 영역이 되고는 합니다. 다시 말해, 집안일을 분담하는 것에 대해 현상적으로 보지 않고 힘의 영역으로 해석한다는 것입니다. 혹은 사회활동을 집안일보다 우위에 두며 이해하기 때문에 '괜찮은 사람인 내'가 집안일을 하는 것을 하찮은 일을 하는 것으로 여기거나, 집안일을 하는 것을 대접 받지 못한 존재로 이해하기 때문이기도 합니다. 이런 생각 자체가 주도성 욕구의 성장이 정지된 상태임을 의미합니다.

어떤 맞벌이 부부는 무려 5년 동안 설거지를 누가 하느냐로 다투었다고 합니다. 우스갯소리가 아니라 실제로 말입니다. 둘 다 설거지를 아주 극도로 싫어하는 사람이 아니라면 5년이란 시간 동안 옥신각신할 일이 아니라는 것을 잘 알 것입니다. 한쪽이 도맡기 싫다면, 공평하게 날짜로 나누어 맡으면 될 일이기도 하지요. 그런데 이런 해결방법이 이루어지지 않았다는 것은, 이것을 주도권 차지로 해석했다고 봐야 합니다.

부부 관계는 동등해야 한다고 말하지만, 실제로 결혼 문화에 있어서 바깥일은 남편, 집안일은 아내라는 인식이 우리에게 뿌리 깊게 자리합니다. 과거의 유교 문화로 인한 정신적인 영역이 다른 문화보다 특히 결혼 문화에는 뚜렷이 남아 있는 편입니다. 그런데 여자들의 사회 진출이 활발해지면서 이제 바깥일도 여자가 할 수 있는 시대가 된 것이지요. 사회적인 롤은 남녀평등을 향해 가는데 가정에서의 롤은 그렇지를 못합니다. 자, 그렇다면 연애할 때를 생각해볼까요? 연애할 때의 남자는 여자를 항상 배려해줍니다. 식당에 가면 물도 떠다 주고, 집 앞까지 데려다 주고, 애지중지 여자를 '모신다'는 표현을 쓸 정도로 대우해 주지요. 이런 모습의 남자를 매너 좋은 남자라고 이야기하고, 스스로도 그렇게 생각합니다. 그런데 이랬던 남자들이 결혼 후에는 달라진다는 것입니다. 결혼에 대한 우리의 오래된 관념이 얼마나 영향력이 큰지 알 수 있습니다. 결혼하면 '배우자에게 대접을 받는 것'이 결혼을 잘한 것이라 여기니까요.

분명한 것은 부부 갈등을 줄이고, 부부 관계를 좋게 유지하기 위해서는 일에서 얻는 여자의 성취감과 사회적 욕구를 어느 정도 인정해줄 시기가 되었다는 것을 받아들이는 것입니다. 불안정한 사회에서 이제 여자도 '일을 해야 한다' '능력을 썩히는 것 아깝다'는 인식이 강해졌고 남자도, 조부모도 맞벌이를 당연하게 받아들이는 때가 되었습니다. 아내가 사회활동과 집안에 대한 애착을 건강히 유지하기 위해서는 (남편에게도 필요한) 개인적인 영역과 휴식도 반드시 필요할 것입니다. 그렇지 않으면 배우자 한쪽이 극심한 스트레스 상황에 놓이기 때문에 부부의 불화를 피할 수 없습니다. 집안일에 대한 역할 분담은 이러한 면에서 살펴보았으면 합니다. 서로 주도권을 잡기 위해 집안일에 대해 힘겨루기를 한다면 이것은 소모적인 에너지 싸움이 될 것입니다. 부부가 함께 서로의 친밀함에 쏟을 심리적 에너지를 엉뚱한 힘겨루기에 쓰는 셈입니다.

간혹 가다가 효율적인 면만 두고서, 배우자의 월급이 나보다 적으니 내가 사회활동에 더 치중하는 게 낫다는 주장을 펼치기도 합니다. 요즘 세상에서 일에는 '돈벌이'만이 아닌 여러 가치가 녹아들어 있습니다. 이런 세상에서 월급만 가지고 일을 비교해서는 부부 간 가치관 차이만 더욱 벌어질 뿐입니다. 뿐만 아니라 배우자에게 '돈에 대한 자격지심'이 생겨날 수 있습니다. 부부 싸움에서 이것으로 상대방의 자존심을 건드리면 대형 싸움이 됩니다. 자격지심도 문제지만, 월급의 양을 가지고 상대방을 무시한다는 것은 문제입니다. 이것은 자신이 '주도성의 욕구'를 충분히 채워내지 못해서 내면에 돈이라는 외적인 조건을 주도성이 발휘되는 조건으로 붙들고 있어야 자신의 힘이 있다고 여기는 상태란 뜻입니다. '누가 누가 더 잘났나?'라는 도토리 키 재기 시도 자체가 주도성의 욕구가 결핍되었음을 나타냅니다. 그러다 보니 월급이 많으면 자신이 가치 있고, 적으면 밖에서나 집에서나 자신감조차 좌지우지되는 사람이 됩니다. 월급의 양으로 집안일을 분담하는 것도 유치한 발상임을 알아야 합니다. 돈의 자존심 싸움 역시 미숙한 모습입니다.

집안일을 분담한다는 것은 역할을 어디까지 해야 하느냐를 나누는 문제가 아니라, 배려의 문제일 수 있습니다. 배우자에 대한 배려심이 있다면 함께하는 부분도 많을 것이지만, '고맙고 고생한다'는 말들을 서로하게 될 것입니다. 서툴지만 노력하고, 배우자의 노력에 대해 서로가 같은 마음으로 바라보는 것은 부부 관계에서 매우 필요합니다.

만일 배우자에게서 단 한치도 양보하고 싶지 않다면, 주도성의 욕구가 결핍된 것입니다. 이것을 스스로 인지한다면, 집안일을 나누는 것을 힘의 영역으로 해석하려 들지 않고, 서로 협의해 조율하는 부분임을 깨우치게 될 것입니다. 그리고 그것을 서로 소통해서 정해 나가게 될 것입니다. 이러한 소통이 거듭될수록 서로에 대한 이해가 더욱 커지고, 믿음이 더욱 강해집니다. 소통의 시작은 누군가 먼저 배려하는 것입니다. 이 누군가는 '좀 더 성숙한 사람'입니다. 대신, 배려를 하면서 상대방을 이해할 수는 있지만, 상대방의 짐, 역할까지 내가 다 짊어질 필요는 없습니다. 혼자 감당하는 것 자체도 성숙하지 못한 주도성의 욕구 표현입니다. 짐을 대신 지는 것이 아니라, 배려를 먼저 시작해 보라는 것입니다.

부부는 끊임없이 소통해나가야 합니다. 소통은 서로 존중하는 위치에서 동등하게 이루어져야 가능합니다. 힘에 집착하면 '갈등의 해결'은 묘연해지고, 서로 자기 말만 하는 상황에 이릅니다. 부부 앞에 펼쳐질 삶에는 수많은 문제와 갈등거리와 장애들이 놓여 있습니다. 서로 다른 사람으로 살아온 세월보다 더 긴 세월을 함께하는 부부에게 소통은 가장 중요한 능력입니다. 부부의 소통으로 부부만의 해결 방법을 찾아나갈 때 더 강한 친밀감과 만족감을 선사받게 됩니다. 삶이란 그렇기에 더욱 의미가 있는 것입니다.

부부 폭력, 힘의 폭주를 막지 못한 무능한 당신

우리 사회에서 일어나는 폭력의 심각성은 날이 갈수록 심해지고 있습니다. 지난해에 비해 가정 폭력의 신고 건수가 두 배로 껑충 뛰었고, 연인 사이에서도 수시로 폭력이 발생하는 '데이트 폭력' 등의 뉴스도 빈번히 들려옵니다. 심지어 서로 맘에 맞지 않아 헤어짐을 요구할 때 이에 대한 분노로 살인까지 벌어집니다. 사회적으로도 분노 조절 장애가 늘어나는 것에 대해 경계하는 목소리가 커지고 있지요. 그중 가장 우려되는 것은 바로 가정의 폭력입니다. 가정의 폭력은 단순한 부부 싸움이 아니라, 또 다른 폭력을 낳게 됩니다. 많은 폭력 범죄의 가해자들이 어린 시절 가정 폭력에 시달린 경험이 있습니다. 부모의 폭력에 노출된 자녀들은 폭력의 가해자가 되기 쉬워 사회적으로도 큰 문제가 됩니다. 배우자로 하여금 생존에 대한 위협도 느껴지게 합니다. 대부분의 가정이 가정 폭력 앞에서는 쉽게 무너지는 것을 봅니다. 폭력은 상대방은 물론이고 자신도 무너뜨리는 힘의 폭주라고 볼 수 있습니다.

폭력은 주도성의 욕구가 채워지지 않았을 때 나타나는 가장 극단적인 행동이라고 할 수 있습니다. 폭력 이면에는 '분노'가 항상 전제되어 있습니다. 화가 없는 폭력은 없습니다. 분노를 표현하는 방식 중 파괴적이고 미숙하며, 상대에게 상처를 심하게 주는 것이 폭력입니다. 분노, 화는 왜 생길까요?

분노나 폭력을 키우는 가정의 특성은 부모는 강자, 자녀는 약자라는 도식이 자리합니다. 강자는 맘대로 할 수 있고 약자는 강자에게 맞춰야 하는 분위기입니다. 이따금 강자는 '사랑으로 훈육하려고' 필요하면 힘을 사용합니다. 자녀를 위해서라는 말로 포장되는 것이죠. 자녀는 절대 자신의 마음대로 욕구를 분출할 수 없는 환경에서 자라나지요. 그러다 이제 어른이 되면 이제 '강자'로 등극했다고 인식합니다. 억눌린 채 자라다 어른이 되어 이제 내 맘대로 하려는데 '내가 원하는 대로 되지 않으니 화가 날 수밖에' 없습니다. 때로는 배우자가 내 말을 들어주지 않아 화를 참지 못해 신체적, 언어적 폭행을 가하는 것입니다.

이처럼 폭력을 쓰는 사람들 중에 폭력으로 통제당해온 사람들이 많습니다. 이들은 억압을 받고, 함부로 당해지는 상황에 대해 분노가 큽니다. 어렸기에 나의 힘을 뺏겼다는 억울함이 있습니다. 이 분노들이 해결되지 못한 채 내면에 자리하고 어른이 되면, 자신의 힘을 드러내고, 그것으로 남을 통제하기 위해 폭력을 쓰는 것입니다. 약자였을 때 '빼앗긴 힘과 권위를 회복하려고 몸부림치는 행동'이 폭력으로 드러난다는 것이죠. 폭력적인 환경이 아니라 하더라도 '내 맘대로 하고 살지 못했다고 여기는' 사람들은 '내 맘대로 하려는 욕구'가 크기 때문에 폭력적이 되기도 합니다. '내 맘대로 안 되면' 화가 참을 수 없을 만큼 나거든요.

부부 싸움에서 일단 폭력이 나타나면, 반복되고 장기적으로 진행되는 양상이 나타납니다. 처음에는 폭력을 행사한 쪽에서 순간의 분노를 참지 못해 폭력을 쓴 뒤, 자신의 잘못을 깨닫고 배우자에게 반성하는 모습을 보입니다. 배우자는 마음의 상처를 입었더라도 가정을 깨고 싶지 않은 마음에 그 반성을 이해하려 애쓰고, 다시는 그러지 않겠다는 약속을 믿어 보려고 노력합니다. 하지만 이미 부부 관계에는 금이 가기 시작하지요. 이 금은 부부 간에 불신을 만들어 갈등이 더욱 많아집니다. 게다가 가해자가 내재된 분노를 제대로 해결하지 못하면, 폭력은 언제든 다시 튀어나올 수 있습니다.

일단 폭력을 드러냈다면, 부부 갈등에서 내재된 분노를 배우자가 건드릴 때마다 폭력이 반복되기 쉽습니다. 폭력이 시작되면, 폭력의 통로가 생깁니다. 숨기진 분노들이 지속적으로 겉으로 흘러나오기 때문에 빈도도 잦아지고, 폭력의 형태도 다양해집니다. 처음에는 물건을 던지고, 벽을 치는 행위로 시작되었다가 점점 배우자를 직접 폭행하거나, 폭행의 강도가 더욱 세지는 식입니다. 심한 폭력은 자신의 조절가능한 상태가 아닌, 힘의 폭주 상태라고 보면 됩니다.

폭력에 노출된 배우자들은 극심한 분노 감정에 휩싸이다 갈등을 거듭하고 관계에 파국을 맞게 됩니다. 혹은 급격한 무력감과 우울감, 피해의식에 시달리게 됩니다. 정상적인 관계를 맺기 어려운 상태가 되지요. 폭력은 배우자에게 신체적인 상처는 물론이거니와, 회생하기 힘든 심리적 상흔을 남깁니다. 결국 부부 관계에 대한 의욕을 상실하고 부부 생활이 파탄으로 흘러가는 결과를 낳습니다.

그들의 합리적인 이유 찾기

정상적인 상태라면 도저히 이해하기 힘든 폭력이 왜 부부 싸움에서 반복되고 있을까요? 폭력을 행사하는 쪽은 자신의 폭력에 대한 이유를 찾습니다. 상대방의 잘못을 바로잡아 준다는 식의 합리화나, 배우자가 나를 화나게 해서 어쩔 수 없었다는 식의 변명을 합니다. 이러한 합리화와 변명이 거듭되면서 마치 자신의 폭력에 정당성이 생긴 것처럼 여겨 버리는 것입니다.

지속적인 폭력에 노출된 배우자는 학습된 무기력으로 인해 '정말 자신이 큰 잘못을 했다'거나 '내가 저 사람의 신경을 긁어서 생긴 일이다'

식의 태도를 보이기도 합니다. 그럴 경우, 이 부부 관계의 폭력은 '당연한 벌'처럼 자리매김을 하게 되는 것입니다. 가해자는 배우자가 자신을 무서워하는 것에 만족스러워합니다. 보통 일반적인 부부 관계에서는 자신을 무서워하는 것을 좋아하지 않습니다. 하지만 자신이 약해서 그동안 당해왔다고 생각하는 사람은 이 관계를 즐깁니다. 무서워하는 배우자를 보며 자신의 존재감을 느끼는 것이지요. 자신을 함부로 여기지 않는다고 보는 겁니다. 자신은 배우자를 함부로 하면서 말입니다.

언어 폭력의 심각성

폭력은 자신의 나약함을 무장하는 태도입니다. 그렇기 때문에 부부 관계에 폭력이 생길 때는 변화가 상당히 힘듭니다. 부부 관계에서 해결할 문제가 아니라, 자신의 부모와의 관계에서 해결해야 할 과제가 되기도 하기 때문입니다. 요즘은 신체적인 폭력만큼이나 언어 폭력의 심각성도 크게 대두되고 있습니다. 폭언 역시 폭력의 일종입니다. 대부분 폭력과 폭언이 함께 나타납니다. 그러나 폭력 없이 폭언만 나타나는 경우도 있습니다. 때리지 않더라도 폭언만으로도 내면에 생채기를 심하게 낼 수 있습니다. 또한 공포를 느끼게 합니다. 폭언 역시 내면의 분노로 인해 터져 나옵니다.

어릴 적 성장 과정에서 내가 하고 싶은 것을 제지당하고, 지적과 비난을 자주 당한 사람들은 내면에 '내가 틀렸다'는 것에 대한 상처가 많습니다. 이 상처가 바로 화의 제조기 역할을 합니다. 그렇다 보니 부모가 반듯하게 키우려고 통제와 지적을 자주 한 (다른 이들의 눈에는 바람직하다고 보여지는) 가정에서 자란 사람들이 성인이 되어 폭언을 퍼붓는 경우가 많습니다. 이들의 문제는 겉보기에는 멀쩡해 보이는 사람들이 부부 갈등 앞에 서면 폭언을 내질러 배우자를 충격에 빠트린다는 것입니다. 흔히 말하는, 부부 아니고는 절대 모르는 갈등과 불화가 부부를 괴롭히게 되는 것이지요.

폭언을 하는 상황도 매우 일방적입니다. 배우자가 내 맘에 들지 않게 행동하면 '폭언'이 터져 나옵니다. 일반적인 문제 상황이 아닌, '내 마음에 따른 문제 상황'이기 때문에 배우자는 혼란을 겪기 일쑤입니다. 다툴 일이 아닌데 다투게 되고, 다투는 말 역시 폭력적이라 몹시 괴로운 것이지요. "왜 꼭 그렇게 말을 하냐?"고 항의해보지만, 결국 정상적인 대화가 통하지 않는다는 것을 알고 소통을 포기하게 됩니다. 싸우지 않을 때는 또 반듯하게 행동하기에 부부 관계에 대한 희망의 끈을 놓기도 쉽지 않습니다. 결국 폭언에 자주 노출된 배우자 역시 폭언에 대해 학습된 무기력의 태도를 보이며, 살아가기 쉽습니다. 이 경우 배우자의 분노도 커지고, 마찬가지로 폭언을 하게 될 수 있습니다. 이 폭언은 부부 관계만이 아니라 아이를 향하게 되기도 합니다.

폭언의 목적은 화의 표현을 넘어서 상대에게 상처를 주기 위함입니다. 어떻게 말하면 '좀 더 아프게 할 수 있을까?'에 몰입이 되어서 상대방이 듣기 싫은 말을 승리의 칼날처럼 찔러 댑니다. 상대가 자신의 말에 상처를 입고, 내가 이겼음을 확인하고 나서야 마무리가 됩니다. 당사자들은 '거친 성격' 정도로 포장하지만, 이것은 절대 성격이 아닙니다. 병적인 분노가 폭주하는 것일 뿐입니다. 또한 힘에 대한 상처입니다. 아마도 어린 시절 부모나 다른 환경에서 이러한 힘으로 상처를 받았을 것입니다. 내가 받았던 상처를 배우자, 자녀에게 전달하는 것입니다. 이렇게 전달된 화는 부메랑처럼 나중에 자신에게 돌아올 수 있음을 알아야 합니다. 배우자 역시 해결되지 않는 분노에 휩싸여 극단적인 상황으로 치닫거나, 훗날 아이가 커서 그 폭력을 고스란히 대물림 받아 행사할 수 있습니다.

문제는 부부 관계에서 일어나는 폭력을 제어할 방법이 구체적으로 없다는 것입니다. 자신이 직접 신고하는 방법뿐인데, 이것이 쉽지 않습니다. 가정사는 알아서 해결해야 한다는 식의 사회적인 인식으로 폭력의 양상이 심각해도 신고까지 가지 않게 됩니다. 또한 이렇게 심리적 역동이 크게 작용하기 때문에, 이것을 당사자들이 직접 알아채서 해결할 만한 상황이 되질 않습니다. 부부 모두가 다 심리적으로 나약한 상태이기 때문에 문제 해결에 대해 적극적으로 되지가 않다는 것이지요. 가장 크게는 부부가 피해를 보겠지만, 부부의 슬하에서 자라는 아이 역시 만만치 않은 피해를 입게 됩니다.

부부 갈등에서 폭력은 생존의 위협까지도 느끼게 하기 때문에 극단적인 상황으로 갈 수 있습니다. 그렇기 때문에 폭력이 일단 나타났다면, 부부 스스로 해결하기보다는 신고와 더불어 전문적인 진단과 치료를 받아야 합니다. 자신의 내면 어딘가에 큰 분노가 자리하고 있다는 것을 알아야 합니다. 그 분노를 확인하고 적절히 해소하는 과정이 반드시 필요합니다.

폭력이 심각한 지경이라면, 당사자와 배우자의 심리 상태도 치료가 필요한 상태일 것입니다. 이 경우에는 집은 마음 편히 쉴 수 있는 곳이 이미 아닙니다. 그렇기에 서로 거리를 두고 떨어져서 안정을 취하며 심리적 회복을 하는 것이 좋습니다. 심각한 폭력은 '별거나 이혼'이라는 것을 불러옵니다. 무조건 폭력을 참고 품는다고 해서 해결되지 않는다는 것을 안다면, 마지막의 결정이 폭력을 행사하는 사람에게도 변화의 계기가 될 수 있습니다. 폭력을 받아 주고 수용해줄 사람은 가정에 아무도 없다는 것을 알 필요가 있다는 것입니다.

이와 더불어 폭력을 행사하는 사람도 치료가 필요하지만, 폭력 상황에 놓인 배우자도 꼭 치료가 필요합니다. 가해자만 문제가 아니라 피해자도 그 상황에서 심리적 파괴가 생기기 때문에 자신을 성찰하고, 내면의 힘을 찾기 위해서 지속적이고 전문적인 도움이 필요합니다. 단순히 그 상황에서 벗어났다고 문제가 해결되지 않음을 종종 봅니다. 한두 번 있었던 일이 아니기 때문에 벗어나는 것만 해결은 아니라는 거죠. 심리적 재건 작업이 꼭 필요합니다.

잠자리가 두려운 남편,
잠자리가 불편한 아내

　부부의 잠자리 문제가 관계에 끼치는 영향력은 매우 큰데, 실제로 입 밖으로 꺼내 해결을 찾는 이들은 많지 않습니다. 부부의 잠자리에 문제가 있다는 것을 스스로 인정하기 싫은 것도 있으며, 막상 드러내려 해도 쑥스럽고, 입에 올리기가 민망하기도 합니다. 친구들과 이야기를 하거나 인터넷에 올려 고민을 상담하는 정도이지요. 잠자리 문제로 인해 갈등을 겪다 이혼을 하는 부부들이 무척이나 많습니다. 겉보기에는 멀쩡해 보여도, 성격 차이란 불화의 이유를 대어도 그 아래에는 실제로 잠자리 문제가 자리한 경우가 많습니다.

　부모-자식 관계는 피로 맺어진 관계이기 때문에 강력한 연대감이 자연스럽게 생깁니다. 남남인 부부가 만나서 부모-자식 관계보다 더한 친밀감을 형성하려면 강력한 뭔가가 필요합니다. 바로 이것이 신이 허락한 '성'입니다. 성을 통해 자신이 서로에게 가장 중요한 사람이며 1순위라는 것을 확인하게 됩니다. 즉, 부부 간 성 관계는 서로의 사랑을 확인하고, 강한 유대감을 만들어 준다는 것이지요. 부부의 성 관계가 잘 이루어지지 않으면 친밀감이 줄어들고 자존감에도 영향을 미칩니다. 그렇기에 부부 성 관계는 부부 생활을 지탱하는 중심적인 기둥이 됩니다. 사랑을 받는 것을 확인받고 싶어 하는 사람이라면 잠자리 문제에 더욱 집착하게 되고, 이로 인한 갈등이 다양한 곳에서 드러납니다. 부부 관계는 물론이거니와, 일에서도, 내외적 스트레스 상황에서도 불만족감이 터져 나오게 되는 것입니다.

한편 성에 대해 개방적이고 공론화하는 분위기가 되면서 이제 성적인 만족감이 부부 생활에서 중요하다고 여기는 인식도 커졌습니다. 젊은 부부들은 성 생활이 불만족스럽다는 이유만으로 이혼을 결정하기도 하고, 잠자리 문제는 법적으로도 주요 이혼 사유로 취급받습니다. 그런데 부부 간 잠자리 갈등에는 신체적인 이유보다는 심리적인 이유가 더 크게 작용합니다. 그렇다면 '성'이란 것이 앞에서 다룬 욕구들과 어떤 관련성이 있을까요?

부부 간의 성이란 가장 가깝게, 친밀감을 나눌 수 있는 행위라 할 수 있습니다. 즉, 성 행위는 관계의 목적이 아니며, 친밀감의 표현 방식입니다. 서로 간 가장 가까운 사람이라는 표식이기도 합니다. 그런데 이러한 성이 표현 행위가 아닌 목적이 되기 시작하면서 문제가 되기 시작합니다. 이렇게 되는 데는 개인적으로 내재된 욕구들과 관련이 있지요. 목적이 된다는 것 자체가 '내가 상황을 선택했다는 것, 주도권을 가진다는 걸' 의미합니다. 내가 원하는 것을 얻기 위하여 성 관계를 하는 것은 상대방에겐 오히려 친밀감이 아닌 전혀 다르게 불편함, 부담감으로 느낄 수도 있습니다. 왜 성이 목적이 될까요?

사람은 태어나면서부터 부모의 따뜻한 보살핌 속에서 챙김을 받고 자랍니다. 쓰다듬으며 안아 주고 접촉들을 통해 친밀감, 의존의 욕구가 충족됩니다. 그런데 이러한 것들이 성장 과정에서 환경적인 이유로 결핍이 되면, 결혼을 통해 충족시키고 싶어 합니다. 그중 어떤 사람들은 성 관계를 통해 사랑을 받고 있다는 것을 느끼고 싶어 합니다. 이를테면, 아내가 남편에게 '여자'라는 대상으로 자리매김을 제대로 못할까 봐 전전긍긍하는 식입니다.

남편 역시 '사랑' 받았다는 느낌도 받고 싶어 합니다. 그러나 남편들에겐 또 다른 욕구가 존재합니다. 여기서 다루고 있는 주도성의 욕구입니다. 이 욕구는 '힘과 존재감, 유능감, 능력 등'을 느끼고 싶어 합니다. 남편들은 성 관계에서 이 부분을 느끼고 어느 정도 충족합니다. 그런데 지나치게 힘이나 능력에 몰두하다 보면, 관계 대상자인 아내의 감정이나 상태를 전혀 고려하지 않고 빈도에 지나치게 집착하면서 '강한 남자'로 각인시키고 싶어 합니다. 아내 역시 자신의 감정에만 몰두하여 남편의 이러한 욕구를 '변태'적인 성향 정도로 치부해버립니다. 이때 남편들은 '거절감'을 톡톡히 맛보고 인정받지 못함으로 인한 좌절감을 느낍니다. 불안감까지도 달라붙게 되지요.

영화 씨　부부는 저녁만 되면 괜히 분위기가 가라앉는다. 부부는 작년부터 아이를 가지기로 마음먹었다. 곧 아이가 생길 거라고 기대했는데, 소식이 없다. 한 달, 두 달이 지날수록 마음에는 불안감이 커져만 갔다. '이번에도 아닐지 모른다'는 불안감에 부부는 잠자리를 하는 것조차 두려움을 느끼게 되었다. 전에는 불편하지 않았던 부부의 잠자리가 이제는 피하고만 싶은 시간이 된 것이다. 그렇지만 아이를 갖기 위해서는 피할 수도 없었다. 얼마 전부터 남편은 잠자리에서 실패를 하면서 큰 충격을 받은 듯했다. 명화 씨는 아이를 갖는 걸 잠시 미룰까도 진지하게 고민했지만, 이러다가 영원히 아이를 못 가질까 봐 그러지도 못하겠다. 부부의 생활에도 어색하고 거리가 느껴지는 것은 나만의 느낌인가?

부부 간의 성 생활에 문제가 없다가도 심리적인 불안이 조성되면 그것이 잠자리에서 튀어나오기도 합니다. 대체로 아이를 갖기 위한 잠자리에서 남자는 일종의 의무감을 느끼기 때문에 편안한 심리상태에서 성 관계를 갖지 못합니다. 관계의 목적이 '임신'이기 때문에 남편의 입장에선 잘할 수 있을지 부담감을 느끼게 된다는 것입니다. 잠자리에서 문제를 겪으면 그로 인한 심리적 타격이 매우 커서 다음 잠자리에 대한 불안감을 안게 되지요. 결국 이것을 해결하기 위해 야동을 보며 성욕을 돋우거나 소위 정력에 좋다는 음식을 먹는 등 자신만의 대처방법을 찾게 되는데, 이 역시 자신의 성 능력에 문제가 있다는 인식에서 비롯되는 행위라 불안감을 떨쳐내지는 못합니다. 그러한 불안감이 부부 생활에도 영향을 끼쳐, 엉뚱한 영역에서 짜증과 화로 표출되는 상황이 벌어집니다. 이로 인한 부부 갈등을 겪으며 서로에게 상처를 주면, 점점 부부의 잠자리가 편치 않은 상황으로 흐르게 되는 것이지요.

또한 아이가 생기고 나서는 육아 스트레스와 피곤한 몸 상태로 인해 섹스리스 부부가 되기도 합니다. 스트레스로 인해 감정이 상해 있는 상태에서 남편이 잠자리를 요구하면, 아내가 회피하거나 혹은 너무 피로한 상태라 자연스럽게 잠자리 횟수가 줄게 되는 것이지요.(물론 반대로 아내가 잠자리를 더 요구하고 남편이 회피하는 경우도 있습니다만.) 아이를 재우는 문제로 부부가 각방이라도 쓰게 되면, 잠자리는 더욱 줄게 됩니다. 남편은 아내의 눈치를 보며 잠자리를 요구하게 되고, 아내 역시 잠자리가 일종의 미션처럼 느껴진다고 고백하는 부부들을 봅니다. '혹시 우리가 섹스리스 부부는 아닌가?' 하는 불안감 때문에 잠자리를 하는 부부의 속사정은 참으로 안타깝습니다. 부부 생활에서 큰 만족을 주고 관계에 온기를 불어줄 잠자리가 어떤 과제처럼 느껴진다면 이것은 갈등의 불씨를 내포하고 있는 것과 마찬가지입니다. 피곤하거나 어떤 스트레스 요인이 있는지를 살피고 이를 개선할 더 적극적인 노력이 필요합니다.

부부의 잠자리는 부부 간 소통의 현주소

부부 간 잠자리 만족도를 물어보면, 부부가 비슷한 수준으로 만족하는 경우는 드뭅니다. 한쪽에 비해 다른 한쪽의 만족도가 현저히 떨어지는 경우가 많은데, 잠자리에 대한 소통이 적은 것이 원인이기도 합니다. 섹스에 대해 많은 부분이 개방적이 되었다고는 하나, 아직도 많은 부분에 대한 소통을 민망해하거나, 어색해합니다. 실제로 상담을 해보면, 그동안 꺼내지 못했던 잠자리에 대한 불만이나 두려움을 토로하는 일이 다반사입니다.

규진 씨는 잠자리에서 돌변하는 배우자의 모습이 참으로 의외다. 평소에는 그런 모습이 덜한데, 유독 잠자리에서면 아내가 적극적인 모습을 보인다. 때로는 아내의 다양한 잠자리 요구를 들어주는 게 버거울 지경이다. 만일 규진 씨가 잠자리에 최선을 다하지 않는 듯하면 아내는 몹시 짜증을 낸다.

상황이 이렇다 보니 규진 씨는 이제 '아내가 만족스러워하는가'가 크게 신경 쓰인다. 아내가 불만족스러워하는 것 같으면 좌절감과 잘 못한 것 같다는 느낌이 들고 잠자리가 끝난 다음에는 시험 친 학생 같이 평가받는 느낌이 들어 썩 좋지 않다. 가끔은 아내의 이런 모습에 의문도 들었다. 평소보다 잠자리에서 더 적극적으로 변하는 아내가 혹시 과거에 문란하지 않았을까 하는 의문이다.

남편에게 하고 싶은 말이 있는 것을 오늘도 하지 못했다. 어제도 잠자리를 한 뒤에 할 일을 다 했다는 식으로 씻고 돌아 누워버리는 남편의 모습에 무척 서운함을 느꼈다. 무엇보다 잠자리가 끝난 뒤 할 일을 다 했다는 식의 태도에 화가 난다. 다음에는 꼭 이런 부분을 말해야지 싶지만, 막상 남편의 얼굴을 보고 이런 이야기를 꺼내기가 쉽지 않다.

위의 두 사례에서 보듯이 겉으로 보기에 부부 간 잠자리 문제처럼 보일지 모르지만, 서로 간 정서적 관계의 문제가 내재되어 있습니다. 부부란 상대를 인정하는 자리입니다. 부부 간의 사랑 표현이 성 관계라는 형태로 드러나기 때문에 상대방을 존중하고, 인정한다면 서로의 감정을 보려고 노력할 것입니다.

사람마다 기질에서 차이가 있습니다. 친밀감을 더 많이 느끼고 싶어 하는 기질도 있는데, 이 기질의 공통점들이 바로 스킨십입니다. 주로 부모와의 관계에서 안정감을 채우지 못한 사람들이 배우자와의 스킨십에서 안정감을 느끼려 합니다. 스킨십에 대한 반응이 바로 상대가 나를 사랑하느냐를 보여준다고 생각하는 것이지요. 스킨십을 잘 받아들이면 그것이 바로 나를 향한 사랑과 관심에 직결된다고 믿습니다. 그런데 사람에 따라 스킨십을 별로 좋아하지 않는 이들도 있습니다. 그런 이들에 대해서 '나를 사랑하지 않는다'고 바라보고 관계에 불만을 터트리게 됩니다. 스킨십이 부족한 것에 대해 상처를 받지요. 규진 씨의 아내는 아마도 남편의 사랑을 잠자리에서 확인하려 들었던 것이 아닐까 합니다. 남편은 아내만큼 스킨십에서 안정감을 느끼는 기질이 아닌 것이지요. 규진 씨의 아내처럼 과도한 스킨십을 하지 않으면 불안해하는 사람들은 있습니다. 이것은 영유아기 때 부모가 안아 주면 안정감을 느끼고, 내려놓으면 불안해하는 느낌과 유사합니다. 그러므로 스킨십, 잠자리의 문제를 부부의 사랑 문제로 무조건 몰아가지 말아야 하는 이유가 된다는 것입니다.

잠자리에 대한 고민이 커져간다면, 잠자리 문제를 해결하는 것에 먼저 초점을 맞추지 않는 것이 필요합니다. 서로 자신의 의사를 표현하기 힘들다는 것은 부부 관계가 여러모로 소통하는 데 거리가 있다는 뜻입니다. 그렇기 때문에 잠자리 문제를 해결하려 하기보다, 먼저 서로 간의 정서적 친밀감을 위한 노력들을 해보길 바랍니다. 이것을 통해 부부 간의 관계가 편하고 좋아진다면, 부부 성 관계에 대한 이야기를 나눌 준비가 되었다고 할 수도 있습니다. 서로 노력을 한다면 이해를 하려는 열린 마음이 생길 수밖에 없습니다.

서로에 대한 이해가 넓어지면, 상대방의 잠자리에서의 욕구도 더욱 잘 이해할 수 있습니다. 잠자리에 대한 강박이나 편견으로 인해, 배우자가 이해하지 못할 방식으로 성 관계를 해왔을 수도 있습니다. 배우자가 너무 적극적이라 부담스럽다고 아내는 생각했는데, 오히려 남편은 너무 수동적인 아내와 잠자리를 하기 위해 자신이 더욱 리드해야 한다는 강박에 시달리고 있었습니다. 부부 간 잠자리에 대한 대화는 반드시 필요합니다. 왜 배우자가 잠자리에 더 집착하는지, 왜 배우자가 잠자리를 두려워하는지, 왜 그런 이해 못할 태도를 보이는지 등의 심리적인 이유를 알 수도 있고요.

심리적인 문제가 해결되면 잠자리에 대한 불안, 거부감이 줄어들기에 부부 간의 잠자리가 훨씬 이완된 분위기에서 이뤄질 수 있습니다. 게다가 부부 간의 소통이 좋다는 것은 정서적으로 친밀하다는 것을 의미하고, 이렇게만 되면 부부 간의 잠자리에 대한 이야기 역시 편안하게 할 수 있습니다. 잠자리에서 싫은 것이나 힘든 것들도 충분히 말할 수가 있다는 것입니다. 부부의 잠자리 문제를 해결할 특별한 방법을 찾거나 어떤 식으로 대화할지를 해결하려는 방법에만 주목하지 않았으면 합니다. 정말 필요한 방법은 두 사람의 친밀감이 전제된 소통에 있습니다. 만약 아내가 좀 더 열려진 마음을 가지고 있다면, 남편이 원하는 잠자리가 지나치지 않다면, 거절하지 않는 것도 소통을 시작하는 지점이 되기도 합니다. 그러나 두 사람이 해결할 수 없을 만큼 골이 깊다면 전문기관을 찾는 것이 해결의 지름길이 된다는 것도 잊지 마십시오.

성적인 욕구는 매우 건강한 욕구입니다. 그런데 이 욕구를 채우는 것 자체에 집착하는 것은 배우자를 고려하지 않는 태도이기에 건강한 욕구라 할 수 없습니다. 결핍되고, 부족했던 여러 욕구들의 표현임을 기억하십시요. 앞에서도 언급했지만, 성 관계는 부부 사이의 사랑과 친밀감을 표현하는 행위 중 하나여야 합니다. 성적인 욕구를 채우는 것만이 아닌, 부부 간의 소통이 제대로 되면서 이 욕구를 채우는 것입니다. 진정 사랑한다면, 상대의 몸에 대한 존중 또한 꼭 전제되어야 합니다.

Chapter 05

당신과 함께

다시 행복해지고 싶다

변화는 지금부터, 부부 사이를
통하게 만드는 행동들

나를, 배우자를 '다시' 제대로 안다는 것은?

앞에서 우리는 부부 갈등의 형태, 내용과 갈등의 원인들을 살펴보았습니다. 각자가 가진 '덜 채워진 욕구'가 우리를 그리고 나 자신을 힘들게 하는 것을 들여다보았습니다. 그동안 부부로 살며 내 욕구는 잘 모른 채 나를 맞춰 주지 못한 배우자에 대해 불평, 비난을 하면 격렬하게 싸워 왔습니다. 이제 우리가 싸우는 이유들을 알게 되었습니다. 그런데 많은 부부들이 '욕구의 결핍'을 알고 나니 부부 관계가 오히려 더 불편하거나 힘들다고 호소하기도 합니다.

많은 문제들이 '문제를 제대로 앎'으로써 해결되기도 하지만, 관심이나 친밀감 등으로 나름 포장해왔던, 보고 싶지 않은 욕구의 결핍을 보게 되는 게 반갑지만은 않을 수 있습니다. 나 자신의 결핍을 배우자가 이해하고 수용해주기를 은근히 바랄 수 있습니다. 나 자신이 변화를 위해 노력하기보다 '배우자가 조금만 더 노력해주면 우리 부부는 달라질 수 있을 것 같은데' 하는 마음을 갖게 되기 때문이지요. 그렇게 되면 <u>'아는 것에서 그저 머무를'</u> 수도 있다는 것입니다.

31세 동갑내기 부부가 악화된 부부 관계로 상담실을 찾았습니다. 남편은 아내(진경 씨)가 수시로 전화를 거는 통에 일도 못할 지경이라고 토로했습니다. 전화를 많이 하는 것이 얼마나 큰 문제이기에 두 사람이 해결하지 못했을까요. 하지만 가벼이 볼 사안이 아닌 것이, 진경 씨는 아주 사소한 일로도 남편에게 전화를 합니다. 쌀은 몇 kg를 사야 할지, 아기 기저귀는 어떤 제조사로 골라야 할지, 반찬은 무엇을 해야 할지 등 모든 것을 전화로 물어본답니다. 남편이 회의 때문에 전화를 받지 못하면 진경 씨는 그가 받을 때까지 전화를 겁니다. 나중에 남편이 못 받을 상황이었다고 말을 해도 진경 씨는 '받기 싫어서 안 받는다'고 의심을 합니다. 하루에 수십 통 이상의 전화로 인해 업무에 방해되자 회사일이 잘 풀리지 않을 때는 남편도 짜증이 났습니다.

남편이 퇴근해서 집에 가면, 진경 씨는 할 일들을 잔뜩 쌓아 놓고 기다립니다. 남편의 결정이 필요한 것들이지요. 참다못한 남편이 "이제 전화는 그만하고, 당신 선에서 할 수 있는 건 당신이 결정해서 해봐." 라고 말을 하면, 진경 씨는 "당신 잘 알잖아. 나 혼자 결정 못하는 거."

라는 식으로 넘어가버리기 일쑤였습니다. 결국 남편이 모든 결정을 내리고 일을 진행시켜야 했습니다. 도저히 견디다 못해 남편은 '이혼을 하든지, 고치든지' 둘 중 하나를 택하라고 하자 아내가 몹시 불안해하며 "용서해달라. 이혼은 절대 안 된다"며 싹싹 빌었답니다. 남편은 그런 아내가 너무 버겁고, 세 살배기 딸을 위해서 부부 상담을 하기로 결정을 했습니다.

상담을 하면서 진경 씨는 자신이 지나칠 정도로 남편에게 의존하고 있다는 것을 알게 되었습니다. 그전에는 자신이 남편을 너무 사랑해서 그저 '남편이 나의 전부다'라고만 여겼는데, 이 생각의 깊은 곳이 자신의 성장 과정 속에 있는 것을 보게 된 것이지요.

장녀인 진경 씨는 부부 싸움이 잦은 부모를 보며 성장했습니다. 부부 싸움을 하고 나서 항상 엄마는 진경 씨에게 "너 때문에 내가 이러고 산다. 너만 없었어도 이렇게 안 산다!"며 악담을 퍼부었습니다. 어릴 때는 너무 무섭고 겁이 나서 잠도 못 이루다가 사춘기 시절에는 '이 지옥 같은 집구석을 어서 벗어나야겠다'란 생각만 했지요. 정신적인 학대를 받으며 성장기를 보내다 성인이 되었고, 결혼을 하게 된 것입니다. 결혼식에 친정 식구들을 부르지도 않았습니다.

진경 씨는 자신의 과거를 만나는 과정에서 몹시 힘겨워했습니다. 상담을 통해서 남편은 아내를 더욱 이해하게 되었지요. 아내가 친정과 관계가 안 좋다는 것 정도만 알고 있었는데, 아내에게 과거가 그러했는지 몰랐고, 마음의 상처가 그렇게 깊었는지 몰랐던 것이지요. 그제야 왜 아내가 아기를 낳고 육아에 힘들어하면서도 친정 엄마의 도움을 받으려 하지 않았는지 알 수 있었습니다. 말로는 '엄마와 양육 스타일이 달라서 차라리 혼자가 낫다'고 했지만, 엄마를 향한 감정에 미움이 컸던 것이지요. 남편은 장모님이 자신에게 손주가 보고 싶다고 하는데 왜 그렇게 부모에게 연락하지 않느냐고 타박한 것이 참 미안해졌습니다. 아내에게 친정 엄마는 '지옥 같은 과거이고, 이제 와서 다시 불러내고 싶지 않은 대상'이었던 것이었을 텐데 말이지요.

아내는 자상한 남편을 만나 마치 '사막의 오아시스'를 만난 것 같은 느낌이라고 했습니다. 남편의 자상한 모습에 그동안 내면에 있던 '채워지지 못한 의존 욕구'가 확 드러난 것이지요. 그동안 자신의 마음이 남편을 향한 사랑이 아니라, 결핍된 욕구 때문임을 조금씩 알아가면서 당장의 큰 변화가 나타나지는 않았습니다. 초반에는 남편이 자신을 '사막의 오아시스'처럼 여겨 준 아내를 향한 미안함과 더불어 이해하려는 마음이 더욱 커졌지요. 남편은 아내가 가여운 마음에 자신에게 기대는 것을 이해해야 한다고 생각했습니다. 물론 일에 방해가 되고, 스트레스가 쌓이기는 하지만, 아내를 더욱 이해해야 한다고 생각했기에 묵묵히 견디려고 했습니다.

하지만 관계는 이렇게 일방적인 기댐과 의존으로는 건강하게 유지되지 못합니다. 남편이 지치는 데는 오랜 시간이 걸리지 않았습니다. 때때로 아내의 의존을 남편이 버거워하면, 아내는 불만 어린 얼굴로 "나한테 당신이 어떤 의미인지 이제 알잖아!"라며 자신을 이해해주기를 요구했습니다. 자신의 결핍된 욕구를 알고 나자, 배우자가 자신을 위해 조금 더 노력해줄 수 있는 부분이라고 생각하게 된 것이지요.

상담 과정에는, 남편이 아내의 문제에서 해결을 도와줄 수는 있어도 문제 해결의 주체가 아니라는 점을 두 사람에게 인식시키는 과정도 포함되었습니다. 진경 씨에겐 남편이 도와줄 거라는 기대를 접고 내면에 집중하는 작업도 포함되었습니다. 상담이 진행될수록 아내는 친정 엄마에 대한 분노가 점점 더 드러나면서 우울해졌습니다. 결혼생활에서 자신이 남편의 딸의 자리에 있으려 했다는 걸 알게 되었지요. 남편이 무척 힘들었을 것 같다는 생각이 들었고, 점차 '남편은 내 부모가 아니고, 나는 그의 딸이 아니다. 내 부모에게 요구했어야 하는 것을 엉뚱한 사람에게 요구하고 있구나'라는 것을 깨달아갔습니다.

상담을 통해 억울한 감정과 화를 충분히 표현하고 나니까 아내의 불안은 조금씩 가시게 되었습니다. 이제부터 부부 관계, 아이 엄마로서의 역할에 더욱 집중하기로 다짐했지요. 또 달라진 것이 있었습니다. 바로 진경 씨는 자신에게 치유되지 않는 상처가 있어서 어쩔 수 없이 남편에게 기대서 미안하다며 '자기의 문제로 표현'하기 시작했다는 것입니다. 그전엔 남편의 행동에 불만을 표현하고 불안했었는데 말입니다.

'안다는 것'은 매우 위력적입니다. 자신의 시야가 달라지고, 자신이 보던 세상의 색깔이 달라지기도 합니다. 그렇기 때문에 제대로 알기 위해 노력해야 합니다. 진경 씨는 자신에게 그런 감정적 혼수감이 있었다고는 생각지도 못했습니다. 물론 대부분의 사람들이 결혼하면서 자신이 어떤 것을 가지고 왔는지 잘 모릅니다. 진경 씨는 '난 어릴 때 불행하게 자랐기 때문에, 사랑을 못 받았어'라는 사실(fact)은 알고 있었지만, 이것이 부부 관계에서 의존적 상황을 만든다는 것은 모르고 있었습니다. '남편은 무조건 날 챙겨 주고 배려해야 한다'는 맹목적이고 당당한 기대감을 표현하는 것이 전혀 이상하지 않았다는 것이죠. 남편이 얼마나 힘들지에 대한 것도 보이지 않았습니다. 그런데 이제 조금씩 자신을 알고 나니까 자신의 행동이 보이기 시작했습니다. 이 욕구에 지배당하고 있는 자신을 말입니다.

나를, 배우자를 제대로 안다는 것은, 자신의 아픈 상처와 과거 속의 결핍된 욕구를 제대로 파악하고 그것을 배우자에게 당연하게 요구하지 않는다는 것을 의미합니다. 거꾸로, 배우자로부터 그런 요구를 받아도 무조건 수용하고 다 짊어지고 해결해줄 것 같은 태도를 지니지 않는 것을 의미합니다. 그동안 배우자에게 사랑이란 이름으로 포장했던 '자신의 치유되지 않는 상처'를 직면하고, 해결되지 않은 감정을 해소하고, 다시금 고쳐나가는 것은 자신의 몫입니다. 물론 혼자서 힘들다면 배우자에게 도움을 요청해야 되겠지요. 하지만 그것이 배우자에게 상처의 치유를 떠넘기라는 뜻은 아닙니다. 치유의 몫은 자신이 지되, 그것을 이해해주는 시선으로 자신을 바라봐주고 공감해주자는 것입니다.

나를 그리고 배우자를 제대로 안다는 것은 자신과 배우자의 내면과 상처, 그리고 경직된 부부 관계의 진짜 모습을 본다는 것만을 의미하는 것은 아닙니다. 그렇게 보고 나서 부부의 건강하고 친밀한 관계를 위해 변화하려는 태도를 취한다는 것까지 포함하는 것입니다. 배우자에게 요구하려는 모습을 버리고, 내가 먼저 바뀌겠다는 모습을 취하는 것입니다. 그래야 '안다는 것'이 의미 있게 된다는 것을 꼭 명심해야 합니다.

이제, 상담실에서 진경 씨 부부가 했던 과정을 좀 더 면밀히 살피려고 합니다. '제대로 알기 위해' 두 사람이 했던 활동들과 과정을 보면서 부부 갈등을 해결하고 더 나아가 자신의 내면을 보듬는 방법을 알 수 있을 것입니다.

감정적인 혼수들을
풀어 헤쳐보자

많은 부부가 '아는 것'이 그렇게 중요하냐고 질문합니다. 앞서 보았듯이 부부 간 갈등에서 표면적인 이유, 상황적인 이유들은 서로 대충 알지만, 갈등을 유발시키고 감정이 격해지고 다치는 것이 서로 결혼할 때 가지고 온 감정의 혼수 때문이라는 것을 제대로 아는 이들은 많지 않습니다. 아니, 모르기 때문에 매번 서로를 탓하고 싸우면서 악순환의 고리에서 벗어나지 못하더라는 것입니다. 결혼할 때 눈에 보이는 혼수는 너무나 잘 알고 있지만, 감정의 혼수감을 가지고 온다는 것 자체를 인식하지 않는 것이지요. 그렇기 때문에 제대로 인식하게 되면 관계의 변화가 시작될 것입니다.

감정의 혼수는 <u>의도적으로 풀어 봐야 합니다.</u> 혼자든 부부가 함께든 말입니다. 의도적이라는 것이 중요합니다. 대부분 의도적이지 않게, 무의식적으로 감정의 혼수 보따리가 풀립니다. 그렇기 때문에 자신의 감정임에도 불구하고, 남의 것으로 오해하고 불평하고 불만을 가지거나 감정이 흘러가는 대로 지배를 당합니다. 지배를 당하고 있는 것조차 모르면서 말입니다. 그렇기 때문에 의도적으로 풀어 보는 것이 중요합니다. 나에게 어떤 욕구가 있고, 상대방에게 어떤 것을 요구하고 있는지 제 3자처럼 보는 것입니다. 만약에 혼자서 하는 것이 힘들면 전문가의 도움을 받는 것도 좋습니다.

과거를 연상하고 써보기

나는 누구인가? 나는 어떤 사람인가를 아는 것은 무척 중요합니다. 특히 나와 가장 가까운 부부 관계에서는 더욱 중요합니다. 많은 갈등이 내가 아닌 상대방에게 초점이 맞추어져 있기 때문에 생겨납니다. 그렇기 때문에 우선 내 마음에 어떤 욕구들이 있는지를 찾아보는 것이 중요합니다. 이 욕구들이 나를 움직이고 구성하는 것들이기 때문입니다. 이 욕구들이 어느 정도로 충족되었는지도 알아봐야 합니다. 예컨대, 그냥 '나는 부모에게 만족한다' 식으로는 나를 알기에 충분하지 않습니다. 물론 나의 부모는 나를 사랑했습니다. 그러나 사랑은 했지만 사랑의 방식은 어떠했는지요. 그것이 사랑으로 느껴졌는지요. 그 사랑과 관심이 나의 욕구를 어떻게 채웠는지요. 내가 혼자 있는 것이 외롭거나 소외감이 든다면 어릴 때 같이 있는 시간이 얼마나 되었는지, 부모가 얼마나 바빴는지 등을 살펴봅니다. 내가 태어났을 때 식구들이 나를 반겼는지, 형제 관계에서 존재감이 어느 정도 있었는지 등을 살펴봐야 합니다. 부모란 존재가 나에게 어떤 의미로 각인되어 있었나요? 스스로 질문해보십시오.

생각의 흐름을 따라 과거를 떠올려 보면서 그것을 종이에 적어 보는 과정을 가져봅니다. 과거의 인상 깊었던 어떤 사건에서 시작해도 좋습니다. 쓰는 것이 기질에 맞지 않는다고 여기면 그냥 생각의 날개를 펴보면서, 연상되는 단어들을 끄적거려도 좋습니다. 떠오르는 생각들을 적어 보면, 나름 과거의 기억들이 구체화될 수 있을 것입니다.

글은 좀 더 생각의 깊이를 줄 수 있어서 그 과정이 온전한 사실이라고 볼 수는 없지만, 과거를 바라보는 자신의 시점, 그리고 잊고 살던 과거의 기억들을 드러내게 해줍니다. 이 작업을 하면서 유의할 점은 꼭 사실(fact)만 써야 한다는 생각에서 벗어나는 것입니다. 그냥 내 기억 속에 들어 있는 것들을 끄집어낸다고 생각해보십시오. 그 기억 속에는 사실이 아닌 것도 있을 수 있습니다. 중요한 것은 그것이 내 기억 속에 들어 있다는 것입니다. 내가 그렇게 느끼고 기억했다는 것 자체가 중요합니다. 왜 나는 그렇게 기억할 수밖에 없었을까요? 그것에 의미가 있습니다.

앞서 만난 진경 씨는 딸이 둘이고 아들이 하나인 집에서 장녀였습니다. 그녀의 존재감은 부모의 '화풀이 대상'이었지요. 여동생은 몸이 약해 부모가 신경 쓰는 자식이었고, 막내인 아들은 집안의 대들보여서 좋은 것만 받고 자랐습니다. 물론 부담감도 함께 받았지요. 상대적으로 진경 씨는 신경이 덜 쓰이는 자녀였습니다. 아픈 여동생이 부모의 관심을 그나마 가져가 진경 씨는 '나도 아파 봤으면' 하는 마음이 자주 들었다고 적었습니다.

그녀에게 다음의 것들을 적어 보라고 했습니다. 어떤 것에 야단을 맞고, 어떤 것에 칭찬을 들었으며, 어떤 것을 유난히 신경 썼는지를 말입니다. 말이 많은 것? 시끄러운 것? 공부를 못하는 것? 정리를 못하는 것? 야단을 맞았다면 그 대목이 무엇이었는지 찾아 적어 봅니다. 부모 중 누가 더 나에게 야단을 쳤고, 왜 야단을 쳤는지도 적습니다. 진경 씨는 기억 중 많은 부분을 차지하는 것이 친정 엄마가 부부 싸움을 하고 나면 결혼생활에 대한 원망, 아버지에 대한 원망을 하면서 '나'에게 화풀이를 하는 느낌이 많았다는 것입니다. 엄마의 기분이 안 좋으면 아주 사소한 일로도 야단을 크게 맞았던 걸 적었는데 과거의 기분이 나빴던 기억들을 꺼내 적다 보니 종종 적는 것들이 불편하고 힘들어 이 과정이 중단되기도 했습니다.

더불어 칭찬받았던 부분을 적어 보게 했습니다. 동생에게 양보한 것, 상을 받은 것, 아니면 교만해질까 봐 칭찬을 거의 하지 않았는지 등과 함께 말입니다. 우리 집은 체면, 남의 시선, 명예 등을 중시했는지, 아니면 자유롭고 남의 시선에 상관없어 하는 분위기였는지, 그리고 부당하다고 생각했던 것이 무엇이었는지 적어 봅니다. 이런 것들을 적다 보면 어떤 행동을 하면 '난 칭찬을 받을 수도 있었다'는 조건적 사랑을 확인하게 되기도 하지만, 때론 칭찬조차 인색한 부모 밑에서 '난 존재감 없이 자랐다'는 것을 새삼 알게 되기도 합니다. 진경 씨는 칭찬 받은 것은 거의 없고, 야단맞은 기억밖에 없는 것 같다고 눈물을 보였습니다. 이렇게 무관심과 야단을 맞는 환경 속에서 사랑에 굶주린 '불쌍한 진경'을 마주보게 되었습니다. 분노를 표현하고, 불쌍한 자신을 보고 내내 우는 과정이 있었습니다.

그런 다음 현재 부부 관계에서 어떤 것을 중요하게 여기고 있는지 적어 보도록 했습니다. 이런 것들이 내 부모의 모습에서 반면교사로 삼은 것이라고 봐도 좋습니다. 배우자에게 '부부로서', '부모로서' 요구하는 것들은 무엇인가요? '난 이런 엄마 아빠가 되겠다. 절대 난 이런 엄마 아빠는 안 될 것이다. 이런 배우자를 원한다'라고 원하는 것들 말입니다. 과거 내 부모가 중요하게 생각한 것(시간이나 약속 지키기, 돈에 대한 것, 옷을 갖추어 입는 것, 삼시세끼를 먹는 것, 학벌, 정리정돈 등)과 이것에 대해 내가 현재 어떻게 행동하고 반응하고 있는지(반대로 하고 있는지, 아니면 아예 똑같이 하는지) 등을 구체적으로 살펴봅니다.

그런 다음, 과거와 현재를 연결해서 생각해보는 겁니다. 잘 살고 싶지만, 현재 배우자로서, 부모로서 버겁고 힘들다면 과거에 빈자리가 있었다는 증거입니다. '관심이라고 생각한 것이 간섭이나 통제'였을 수 있고, 내 맘대로 할 수 있었던 것이 '무관심의 결과'였을 수 있습니다. 그것을 찾아보도록 합니다.

다음으로 적어 볼 것은 감정에 대한 것입니다. 날 지배하는 감정은 무엇인가요? 어릴 때부터 느꼈던 감정은 어떤 것들이었나요? 분노, 속상함, 억울함, 연민, 불안, 걱정, 소외감, 서운함 등등. 어떤 감정이 들었는지 찾아보십시오. 진경 씨는 어릴 때는 혼날까 봐 그리고 부모가 싸울 때 불안했다는 마음을 찾아냈죠. 버려질 것 같은 맘, 우리 집에 나는 포함되지 않은 것 같은 소외감들이 컸죠. 혼나고 맞을 때 느낀 분노와 억울함도 혼재되어 있었습니다. 그래서 남편이 내 말을 들어 주면 안심이 되고, 말을 안 들어 주면 날 거부하는 것 같고, 날 사랑해주지 않는 것 같았다고 느꼈지요. 말을 들어 주면 '수용'받는 느낌이 들고, 남편에게 전화를 계속하는 것도 관계의 끈을 연결하기 위한 것이었죠. 연결되지 않으면 불안해지고, 날 밀어내는 느낌이 들어 화가 나게 된 것이지요.

우리는 다양한 이유로 여러 감정들을 느끼고 표현합니다. 이러한 감정들은 사람마다 느끼는 포인트가 다 다릅니다. 맘이 상하고 우울해지고, 짜증나는 상황들도 다릅니다. 내가 중요하다고 여기는 부분이 달라서 감정이 상하고, 내가 원하는 것이 안 되어서 화를 냅니다. 이러한 다양한 감정들은 결국 '결핍되었던 과거'를 현재 속에서 보상 받으려

하기 때문에 생깁니다. 때론 과거 결핍의 경험들이 현재에도 비슷하게 재현되면 감정을 자극합니다. 예를 들어 (과거) 비난이나 지적을 많이 받은 사람은 비난받지 않기 위해 (현재) 남을 비난하기도 하고 자신이 비난을 받으면 참지 못하고 벌컥 화를 냅니다.

많은 사람들이 자신의 감정을 알고 있다고 여깁니다. 진경 씨 역시 화나는 감정들을 표현했기 때문에 자기 감정은 단순히 '화'라 여기긴 했지만, 더 이상의 감정들이 무엇인지를 모르고 있었습니다. 내가 화가 나는 이유는 남편이 내가 원하는 대로 안 해줘서라 여겼지요. 그 결과 남편에게 자기 요구를 들어 달라고 계속 보채게 되었습니다. 드러나는 감정만 보게 되면 '원인'을 바깥(남편)에다 돌릴 수밖에 없게 됩니다. 그러나 좀 더 자신의 복잡한 감정을 들여다볼 수 있다면(무척 불편한 작업이긴 하지) 상대의 문제가 아닌 것을 알게 되어 비난하지 않을 수 있게 됩니다. 진경 씨는 자신의 감정을 보게 되었습니다. '집에 있으면 혼자인 것 같아 불안을 느끼고 전화하게 되고, 거절당하면 버려질 것 같은 느낌을 주체할 수 없어서 화를 내게 되고, 또다시 남편이 자신에게 멀어질까 봐 두려워서 또 전화기를 잡고 있는' 감정의 사이클을 보게 되었습니다. 즉 자신을 보게 된 것이죠. 남편과는 상관없이 일어나는 감정들을 말입니다. 그렇게 되면 부부 관계의 갈등을 줄일 수 있고, 배우자를 서로 이해할 수 있습니다. 복잡하게 얽혀진 감정들을 적어 보고 드러냄으로써 감정이 정리되어서 감정에 지배되는 상황도 줄어들 수 있습니다.

특별한 장소를 만들자

이러한 복잡한 감정들을 보는 과정이 일상 중에서는 쉽지 않습니다. 자신을 알아보는 시간을 가지려면 장소도 매우 중요합니다. 그런데 이 장소도 기질에 따라 달라질 수 있습니다. 어떤 기질은 조용하고 주변의 방해를 받지 않아야 집중이 되는 사람이 있고, 어떤 사람은 사람이 많은 공공장소에서 혼자 멍히 생각하다 보면 더 집중되기도 합니다. 자신이 어떤 경우에 나에게 더 집중할 수 있는지 고민해봅시다. 집중하다 보면, 때로는 혼자 감정에 몰입해서 속상한 마음에 울음이 나오거나, 원망의 감정이 표출될 수도 있습니다. 이런 경우에는 혼자만의 공간이 더 편하겠지요.

현재 부딪치는 문제들은 무엇인지 써보자

한 부부는 남편이 먹는 것에 유난히 까칠하게 굴었는데, 아내가 챙겨 준 끼니를 건너뛰기 일쑤였답니다. 예컨대 밥을 차렸는데, 갑자기 라면이 먹고 싶다며 라면을 끓인다거나, 외식하기로 해놓고 갑자기 외부 약속을 잡는 식이지요. 아내가 남편에게 붙인 별명이 '뜬금 씨'였답니다. 어찌 보면 사소한 부분이었지만, 아내는 남편이 자신이 하는 일을 너무 가볍게 여기는 것 같고, 가족이라는 느낌이 옅어지는 인상을 받았습니다. 남편은 '안 챙겨 줘도 돼' 식의 태도를 보이기도 했고요. 그래서 어떤 때는 저녁에 약속을 잡고 늦게 들어가면 남편이 저녁을 먹지 않고 자신을 기다리고 있기도 했답니다. 어린애도 아니고 대체 무슨 심보인지 화가 난 아내는 남편과 언성을 높이며 다투었습니다.

도저히 맞출 수가 없다는 것이지요.

한번은 남편이 어떻게 자랐는지, 시어머니에게 물어볼 기회가 생겼다고 합니다. 남편은 어릴 때 입이 짧아서 항상 잘 먹지를 않았는데, 부모 입장에서는 잘 크지 않을까 봐 노심초사하면서 키웠답니다. 할머니까지 합세해서 먹이는 것에 신경을 많이 썼다는 것입니다. 그래서 그런지 남편은 식사에 관해서만큼은 엄청난 주도성을 보였습니다. 식사를 '먹는 것이 아닌 선택권'의 침해로 받아들이고 있었습니다. 그러다 보니 현재 아내와의 결혼생활에서 식사 때마다 감정을 느끼고 그로 인해 까다로운 태도가 나타났던 것입니다. 결국 부부의 다툼은 두 사람 사이의 문제가 아니라, 남편의 남겨진 감정 결과라는 것이지요.

이처럼 과거를 보면서 이 과거와 현재를 연결시키는 작업을 해보는 것이 중요합니다. 연결해보면 현재가 이해될 때가 많거든요. 연결이 전혀 되지 않으면 현재 부딪히는 문제들을 살펴보세요. 아주 사소한 것이라 적기도 우습다고 생각한 것이어도 적어 보세요. 무엇 때문에 우리가 싸우고 있는 건가요? 어떤 일들이 우리의 감정들을 건드리나요? 이때 내가 원하고 기대했던 상황은 무엇이었나요? 어떤 종류의 사람을 만나면 기분이 나빠지나요? 그 사람이 강한 사람인가요? 다른 사람들은 나에 대해 무엇이라 평가하나요? 무엇이 내가 원하는 대로 안 되나요? 무엇에 집착하고 있나요? 부부 관계에서 지속적으로 부딪치는 상황과 언어, 상대방에게 화가 나는 장면들은 무엇인지, 그리고 그때 느껐던 감정은 어떤 것인지 가감 없이 함께 써보길 바랍니다. 그리고 현재 이런 감정들이 과거의 어떤 상황과 연결되는지 찾아봐야 합니다.

머리만이 아닌 가슴으로도
받아들이는 방법

"내가 왜 그러는지 이제 알겠어요. 그런데, 그 다음에는 어떻게 하나요?"

과거의 흔적, 그리고 현재의 갈등 사이에서 내 결핍과 내면의 상처를 알았으니 다음을 알려 달라고 이야기하는 사람들을 종종 봅니다. 이들은 다음 방법을 알아도 별 효과가 없는 경우가 대부분입니다. 왜냐고요? 머리로만 알아서는 안 되기 때문입니다. 많은 사람들이 책을 통해서, 언론 매체를 통해서 공부하듯이 지식으로 이것을 받아들이다 보니 자신에게 적용하지 않고, 다른 사람을 적용(평가)하는 데 쓰기 때문에 변화가 없다는 것입니다.

변화가 있으려면, 머리로 아는 것에서 끝나지 않고, 감정으로 이해되는 것들이 함께 되어야 합니다. 감정적 해결 없이 논리적으로 머리로 알면 방법을 알아도 해결되지 않는 경우가 많습니다. 결국 많은 문제들이 나의 감정 흐름을 동반하고 있기 때문입니다. 내 감정이 왜 생겼으며 지금 작동하고 있는지를 논리적으로만 안다는 것은 '책에서 읽을 법한 문제, 나와 상관없는 앎'처럼 느껴지게 만듭니다.

내면의 상처를 인지하게 되면 감정적인 동요가 반드시 일어납니다. 원망, 속상함, 화 등등이 생기지요. 격해지는 감정들을 볼 수 있어야 하고 보듬어 안아야 합니다. 그런데 감정을 느끼기 시작하면 너무 힘들어서 다시 눌러 버리는 경우가 많습니다. '굳이 지나간 과거를 캐낼 필요가 있어? 힘들기만 한데…'라며 아픈 감정을 다시 꺼내기 싫어 거부하는 감정이 생깁니다. 어쩌면 아직은 이 감정을 들춰 볼 때가 안 되었을 수도 있습니다. 그렇기에 이러한 거부 감정을 굳이 나쁘게 볼 필요는 없습니다. 하지만 변화를 원한다면, 감정을 누른 상태에서는 변화가 쉽지 않습니다. 변화는 곧 행동이 바뀌는 것을 의미합니다. 그런데 감정을 누른 상태에서 아는 것(이성적인 인지)은 '행동은 바뀌지 않았는데 스스로가 바뀌었다고 착각하게 할 수도' 있는 것입니다. 알면서도 변화가 안 되는 이유이기도 합니다.

감정 자체에 평가를 하지 말아야 한다
긍정적이든 부정적이든 간에 내가 가진 감정은 내 것이기 때문에 소중합니다. 부모에 대한 원망과 미움 역시 인정할 수밖에 없는 감정이지요. 현재 결혼생활에까지 영향을 주고 있는 것에 대한 속상한 감정역시 '나의 소중한 감정'입니다. 그래서 소중한 나의 감정을 직시하고보듬고 받아들여야 합니다. 사실 나의 감정은 어느 누구도 소중하다고해준 적이 없거든요. 부모도 내 감정에 대해 지적하고 비난하려 했고,주변 사람들도 역시 그런 감정은 '가지면 안 된다' 식의 반응이 있었을겁니다. 마치 덜 성숙했다는 뉘앙스와 함께 말입니다. '그들이 일부러그런 것도 아닌데 이런 감정을 품어도 될까?' 인간의 도리로 봤을 때도부정적인 감정을 가진 자신이 잘못하고 있다고 내면에서 소리칠 겁니다. (혹 지나간 과거 속의 그 사람, 그 일에 대해 연연하는 모습이 못났다고 할것입니다.)

있는 감정들을 없다고 한들 없어지지 않는 것이라면, 이것이 내 인생을 지배하고 있다면, 결혼생활에 지속적으로 여파를 남기고 있다면,이제 그 감정을 보듬어 안아 주어야 합니다. 내 것이기 때문에 그것은그 자체로 소중합니다. 옳다 나쁘다란 평가가 아니라, '생겨난 감정'에대한 수용의 자세가 필요합니다. 다들 중요하지 않고, 옳지 않다고 평가하더라도 나만은, 나한테만큼은 내 감정이 소중하다는 것을 알고 인정하고 받아들여야만 내 상처가 치유되는 과정을 거칠 수 있습니다.

감정 흐름 따라가기
앞에서도 살펴본 것처럼 감정이 드러나기 시작하면 화나 우울, 속상함 등이 밀려옵니다. 이 감정들을 누르지 말고, 인정하는 방법 중 하나는 원망들을 마음 가는 대로 써서 불에 태우거나 박박 찢어버리는 것입니다. 그런다고 아주 오래된 묵은 감정이기에 금세 좋아지지 않습니다. 그래서 이 감정에서 빨리 벗어나려 하지 않고, 감정 흐름에 나를 맡기는 것입니다. 나의 감정 흐름에 브레이크를 걸지 마십시오. 그러나 너무 힘들면, 조금 쉬었다가 감정 흐름에 다시 나를 맡겨도 됩니다. '난 이런 과거에서 상처를 받았구나' '그래서 내가 관심을 못 받으면 안절부절못하는구나'라면서 날 위로하고 동정하는 것이 중요합니다. 나의 감정을, 나를 다독이십시오. 아무도 이해 못해주더라도 나 자신만큼은 나를 받아주고, 이해해줘야 할 중요한 존재입니다. 남이 사랑해주지 않더라도 나는 사랑받을 존재이니까요.

그저 상처받는 자리에 있었을 뿐이다

앞서 식사 문제로 충돌하는 부부를 보았습니다. 너무 사소해 보여 남들에게 자신의 맘을 털어놓지 못했지만, 아내는 남편의 식사 태도 때문에 상처를 많이 받았습니다. 자신이 남편의 의중을 못 읽는 것 같고, 스스로 아내 역할을 잘 못한다는 느낌을 받았기 때문입니다. 뿐만 아니라 밥상에 모여 앉아 가족 공동체를 느끼는 것이 중요하다고 여기는 아내에게 남편은 공동체를 파괴하는 인상을 받았습니다. 심지어 '날 사랑하지 않는 건가?' 하는 느낌까지 받았다고 합니다. 상처가 거듭되어 아내에게 깊은 흔적을 남겼던 것입니다.

하지만 우리도 알게 되었듯, 남편의 태도는 아내에게 상처를 주려고 한 것이 아닙니다. 아내에게 역할을 잘 못해낸다고 비난하는 것도 아닙니다. 그저 남편에게는 어린 시절의 가정 분위기에 트라우마가 있었던 것입니다. 통제적인 분위기에서 밥상에서조차 어떤 요구도 잘 드러내지 못한 남편의 트라우마로 현재 아내가 상처를 받은 것이지요. 남편은 아내가 싫어서가 아니라 '자기 내면에 남아 있는 엄마의 모습을 밀어내는 것일 뿐'입니다. 반면 아내는 무덤덤한 가정에서 자라서 '챙겨 주는 것'이 좋은 가족이라 여겼던 것이고요. 그러다 보니 밀어내는 남편의 태도에 더욱 상처받았던 것입니다.

결국 욕구가 있는 곳에는 상처가 생깁니다. 우리의 기대와 욕구들로 인해 상처받을 수 있다는 것입니다. 배우자가 나에게 비난하고 지적하는 것들이 어쩌면 배우자의 부모나 과거 누군가가 채워 주지 않음을 원망하는 자리에 '내'가 있어서 받을 수밖에 없었다는 겁니다. 다시 말해, 어떤 경우는 배우자의 욕구 때문에 '상처를 받는 자리에, 그 상황에' 있어서 불똥이 튄 것을 알았으면 합니다. 서로의 관계에서 어떤 것들이 서로 상처가 되는지를 객관적으로 보기 시작하면 그 원인이 내가 아니라, 상처받는 자리에 있다는 것을 알 수 있을 것입니다. 이것을 알면, 배우자로 인한 상처도 전보다 덜 받게 되겠지요.

마찬가지 맥락에서 내가 원하는 것을 받으려 할 때 상대가 채워 주지 않으면, 상처를 받게 됩니다. 내 욕구 자체는 잘못이 아니지만, 상대 배우자가 내 욕구를 책임져야 할 사람은 아닙니다. 이것을 혹시 배우자의 잘못으로 치부하지 않는 것 역시 필요합니다. 그렇기 때문에 우리가 조금만 뒤로 물러나서 자신의 부부 관계를 본다면, 즉 제 3자의 눈으로 관계를 본다면, 상처를 덜 받을 수 있을지 모르지요. <u>내가 상처를 받는 것이지 배우자가 상처를 주는 게 아닐 수 있다는 것입니다.</u>

과거와 현재는 구분할 줄 알아야 한다

과거 어떤 사건이나 경험으로 내면이 제대로 성장하지 못했다면, 부부 관계에서도 미숙한 태도를 보일 것입니다. 성인이 되었음에도 불구하고 자꾸 미성년자처럼 굴게 되는 것이지요. 혹시 아직도 생활비를 보조받기를 내심 원하고, 도움을 받지 못하면 운이 없다고 생각하지 않는지요. 그래서 이런 일로 부부 싸움이 되기도 하나요? 이런 생각이나 요구를 당연하다고 생각하고 있나요? 꼭 받아야만 부모가 사랑하는 자식으로 인정받은 것 같은 느낌이 드나요? 유산 배분 문제에서 열을 올리고 분쟁하는 어른들의 모습들 역시 이런 부분을 제대로 정리하지 못해 생기는 일이기도 합니다.

과거의 상처와 욕구 결핍에 대해 인식하고 화가 난다면 현재의 나를 다시 보십시오. 이제 사랑을 받고 자라는 아이가 아닌, 독립해야 하는 어른이 되었다는 사실을 말입니다. 받지 못한 것에 대한 애석함보다 받을 필요도, 받을 생각도 없는 어른이 되는 것이 중요하다는 것을 인정해야 합니다. 이것이 과거와 현재를 구분하는 작업의 일환입니다.

내가 과거에 받고 싶었던 것을 지금 내 주변 사람에게 받기를 원하고 있지 않은지 질문해보도록 합니다. 대부분은 그것이 배우자가 됩니다. 혹은 자식이 되기도 합니다. 이런 생각이 들 때 수시로 자신에게 질문해보세요. '나는 지금 독립한 성인인가? 아니면 아직 과거에 매인 미성년자인가?'하고 말입니다. 못 받은 시기는 과거입니다. 스스로 질문해서 과거의 것을 현재를 통해 충족하려는 자신을 구분하고 찾아보십시오. 이 작은 질문이 자신의 상황을 분명히 보고, 판단하게 하는 통찰을 줄 것입니다.

서로 할퀴고 상처 준 관계
어떻게 회복이 될까?

배우자와의 갈등을 해결해 나가는 것에서 중요한 전제는 나를 알고 배우자를 아는 것입니다. 이 전제하에 관계 회복에는 노력이 필요합니다. 사실 갈등은 상대방이 노력해주길 기다리다가 생기는 것들이 많습니다. 그런 의미에서 갈등 봉합을 위한 노력은 상대방의 노력을 기대하지 않고, '나부터 잘하자'가 현실적인 팁이 됩니다.

부부들이 가장 억울해하는 것 중 하나가 '상대방이 협조를 안 하는데, 굳이 왜 내가?'하는 부분입니다. 내가 먼저 잘해주는 것에 대해 그렇게 반가워하지 않습니다. 손해 보는 느낌이 강하기 때문입니다. 인간에게 이기적인 마음은 본능과도 같은 것이라 '내가 먼저' 하기는 힘듭니다. 이것은 아주 의도적인 노력이 필요한 부분입니다.

상대방의 욕구에 초점을 맞추자

한 맞벌이 부부는 집안일을 분담하는 것으로 매번 부부 싸움을 했습니다. 피곤한 몸을 이끌고 직장에서 돌아오면 쉬고 싶은 맘이 굴뚝같죠. 아내는 일찍 오는 남편이 집 청소라도 해줬으면 하는 바람이지만, 일찍 온 남편은 '늦게 오는' 부인이 못마땅했습니다. 설거지, 재활용, 집안 청소, 빨래 등 누가 할 것인가 사사건건 부딪쳤습니다. 갈등이 거듭될수록 상대방을 비난하고 상처 주는 말이 반복되었고, 사소한 다툼이 점점 쌓이다 보니 감정의 골만 깊어졌습니다.

싸움의 시작은 집안일 분담이었지만, 이제는 사사건건 감정을 가지고 상대방에게 빈정거리고 툭툭 쏘아붙였습니다. 서로를 향한 서운함과 미움만 커져가고 있었습니다. 집안 분위기는 냉랭해지고, 자녀들도 부모 눈치를 보는 상황이 되었죠. 결국 아내가 이대로 지내다간 아무것도 안 되겠다 싶어 변화의 계기를 갖기 위해 노력을 먼저 하기로 결심했습니다. 마음에 들지 않는 남편의 행동이 몹시도 옹졸해 보여 수시로 '내가 왜 이렇게까지 해야 하지?'란 생각이 들었지만 '부부 관계 개선'이라는 지향점을 두고 마음을 다잡았습니다.

우선 아내는 남편이 어떤 상황에 기분이 좋아지는지를 찾아보았습니다. 시도는 매우 사소한 부분부터 시작했습니다. 남편은 아내가 자신이 출퇴근할 때 살갑게 '인사하는 것'을 원한다는 걸 찾아냈습니다. 그동안 감정이 삭막해져 남편이 출퇴근해도 의도적으로 무시하곤 했었던 것이지요. 아내는 다음 날부터 출근하는 남편에게 살갑게 인사하고, 퇴근하는 남편을 따뜻하게 맞아주었습니다. '왜 저러냐'는 표정으로 대뜸 보고는 방으로 쌩 들어가 버리는 남편 모습에 울컥 화가 치솟았지만 꾹 눌러 참았습니다. 이왕 하기로 한 거 '좀 더 성숙한 내가 해보자'라는 마음으로 지속했습니다. 그러면서 남편의 식사에 신경을 썼습니다. 대접 받는다는 느낌이 들도록 남편이 좋아하는 반찬을 만들었습니다. 별것 아닌 것 같지만, 이것이 작은 기적을 가지고 왔습니다.

먼저 남편의 기분이 달라지면서 요구하지도 않았던 집안일들을 하나씩 하는 모습을 보였습니다. 기분 좋게 도와주려는 모습을 보게 된 것이죠. 아내는 '당연한 것'으로 받아들이지 않고, "도와줘서 고맙다"는 표현을 자주 했습니다. 전에 비해 대화하기가 편해졌고, 남편 역시 아내에게 "직장 일에 집안일, 애들 신경 쓰느라 고맙다. 수고한다"는 소리를 했고, 아내는 감격할 수밖에 없었습니다. 두 사람은 그전에 서운했던 일들도 서로 허심탄회하게 이야기를 할 수 있는데까지 가능해졌습니다.

다른 사람의 변화를 기대하고 있다는 것은 불가능한 기대를 하고 있는 것과 마찬가지입니다. 상대방 역시 나의 변화를 기대하고 있기 때문입니다. 서로 상대방이 바뀌기만을 기다리고 있으면 갈등은 더욱 거

세질 것입니다. 그러므로 내가 할 수 있는 영역을 찾는 것이 문제를 해결하는 길입니다. 물론 현실에서 이 사례 속 아내처럼 행동하기는 쉽지 않습니다. 내가 밀리는 것 같고, 잘못한 것도 없는데 손해 보는 것같은 억울한 마음 때문이지요. 하지만 배우자의 변화를 위해서가 아니라, 나의 가치를 높이는 의미에서 시작해보는 것입니다. 나는 변화하지 않으면서 배우자에게 변화를 요구한다는 것 자체가 어불성설이니까요. 내가 마땅히 역할을 해낸 다음에야 상대방에게도 말할 자격이 생기지 않을까요? 이것은 스스로를 위한 방어력을 키우는 길이며, 인격적으로도 성숙해지는 길입니다. 뿐만 아니라, 이를 통해 갈등을 보는 관점도 객관적이 될 수 있습니다.

배우자는 어떤 것에 즐거워하나요? 배우자는 어떤 행동에 감동하나요? 이것은 다시 말해 상대방의 욕구와 감정에 대해 헤아리는 것입니다. 쉽지는 않겠지만, 배우자의 욕구와 감정을 헤아리고 내가 그것을 채워 주려는 노력이 필요합니다. 이러한 노력이 현실적으로 효과가 있는 이유는 앞서 살펴본 욕구들과 관련이 있습니다. 무턱대고 나의 결핍 욕구를 배우자에게 요구해서는 절대 안 되지만, 얼어붙은 관계를 녹이는 데는 상대의 그 욕구를 채워 주는 것도 방법인 셈입니다. 갈등 해소를 위해 상대방에게 '이상적인 부모처럼' 이해하고 챙겨 주고, 때론 존중받고 싶은 맘을 알아주는 것입니다. 그렇게 하면, 자연스럽게 부부 관계가 친밀해지고, 대화가 가능해지고, 원가족과 지금 가족 간의 제대로 된 경계가 생깁니다. 누구의 자녀라는 위치에서 누구의 배우자라는 위치로 옮겨 올 수 있습니다. 이렇게 옮겨 온다는 것 자체가 부부 관계가 제대로 세워질 수 있는 시작점이 됩니다. 배우자에게 '우리가 결혼했으니 당신 자리는 여기야. 이쪽으로 와'라고 자꾸 요구하면 오히려 반대 쪽으로 가버립니다. 오히려 원하는 것을 잘 수용해주면, 이것이 자석의 끌림과도 같아서 자연스럽게 옆자리에 와 있을 것입니다. 이러한 노력들이 얼어붙은 관계를 녹이고, 서운한 감정이 풀어져 변화를 가져올 것입니다. 더 나아가 인격적인 성숙이란 선물도 안겨 줄 것입니다.

감정을 어떻게 수용할 것인가?

남자들이 대부분인 한 회사에서 특강을 열었던 적이 있습니다. 강의 내용은 인간관계를 증진하기 위한 것이었고, 감정을 얼마나 잘 파악하는지를 질문지에 담았습니다. 그런데 질문지의 답을 쓴 남자들 대부분이 0점대였습니다. 그들이 정답이라고 생각하고 썼던 것은 감정이 배제되고 해결책을 제시한 것들이었습니다.

이게 남자들만의 모습은 아닐 것입니다. 타인의 감정을 파악하고 공유한다는 것은 어려운 부분이긴 합니다. 남자들이 감정을 공유하기보다는 '해결책'을 제시하는 대화 경향이 더 큰 것만은 분명해 보입니다. 한편 여자들은 해결책 이전에 내 감정을 알아주기 원합니다. 여자들은 감정을 표현하기 조금 쉬운 듯하지만, 그렇다고 상대방의 감정을 제대로 읽고 표현을 잘하고 있는 것 같지는 않습니다. 아내는 남편의 말을 통해 남편(상대)의 감정을 읽기보다는 '내가 느끼는 감정'을 표현합니다. 이런 측면에서 본다면, 남편이든 아내든 상대방의 감정을 읽고 표현하는 것에 각자 서툰 부분이 있다는 것입니다.

이런 점을 염두에 두고 배우자의 감정을 파악해보십시오. 배우자가 어떤 말을 듣고 싶어 하는지, 어떤 말을 하고 싶어 하는지에 초점을 두고 배우자의 이야기를 경청하는 것입니다. 다시 말해 의사소통 방법 중 많이 쓰는 '반영적 경청'을 하는 것입니다.

반영적 경청(경청+감정의 공유)

반영적이라는 말은 거울에 비춘다는 의미가 있습니다. 상대의 말을 거울에 비춘 것처럼 그대로 느낀 것을 표현하라는 것입니다. 말을 듣는 사람은 거울입니다. 거울의 모습이 '놀이공원 거울나라의 거울'처럼 뚱뚱하게, 날씬하게, 더 크게, 더 작게, 거꾸로 보이는 것이라면 어떨까요? 즉 내 내면이 타인의 말을 그대로 들을 줄 모르고, 확대 해석을 하거나 의미를 축소시키거나 왜곡해서 듣거나 한다면 어떨까요. 부부의 대화는 그야말로 어렵고 갈등은 그 자리를 맴돌 것입니다.

반영적 경청을 하려면, 나의 내면 거울이 어떤 유형인지도 파악해야 합니다. 내면의 거울을 파악하고 거울이 그대로 비추는 것처럼 배우자의 대화를 그대로 받으면 됩니다.

아내   집에 할 일이 너무 많아. 내가 너무 힘들다고. 짜증나 죽겠어.

남편   당신은 직장에 나가지도 않으면서 힘들긴 뭐가 힘들어? 다른
      집 와이프들도 다 하는 일인데.
      (혹은) 일을 체계적으로 하질 않으니 그렇지. 자기 몸은 자기
      가 챙겨야지. 짜증내면 뭐해?

갈등 상황에서 보통 부부의 대화는 이렇지요. 반영적인 경청을 한다
면 어떨까요?

남편   당신 너무 힘든가 보네, 짜증 많이 나?

이와 같이 들은 이야기를 그대로 보여주는 것입니다. 여기다 경청의
의미를 더해야 합니다. 경청이란 잘 들었다는 것이지만, 그것으로 끝
내지 말고 잘 들었음을 표현해야 합니다. 제대로 들었다는 것을 표현
하는 것은, 상대방이 느낀 감정을 파악했다는 것을 의미합니다. 남편
의 반응은 "어떡하지. 당신이 너무 힘들어서." 정도만 표현해도 됩니
다. 굳이 해결책까지 나오지 않아도 됩니다.

상대방이 이야기를 할 때 '속상한지, 즐거운지, 슬픈지, 비참한지,
쓸모없다는 느낌이 드는지' 등을 파악(읽기)해보고, 읽은 감정을 표현
하는 것입니다. "그런 감정이 틀렸다. 그런 생각은 하면 안 된다"는 식
의 표현은 삼가야 합니다. 만약 상대방의 감정을 제대로 못 읽었다면

어떤 감정인지를 물어보는 것이 필요합니다. 내가 파악한 것이 옳다고 "당신이 그것 때문에 속상한 것 같은데, 맞지? 그렇지?"라고 다그치듯 묻는 것은 안 하느니만 못합니다.

이와 더불어 상대방이 말을 하면, 귀 기울여 들어 주는 태도도 중요합니다. 대화를 하는데 TV, 신문, 핸드폰을 보면서 대충 듣는 느낌을 주면 싸움이 벌어집니다. 말하는 상대방의 얼굴을 보고 귀를 열어야 합니다. 내 말을 상대방이 잘 들어 주길 원한다면, 나부터 상대방의 말을 제대로 들으려는 태도를 보여야 합니다.

다친 감정을 어루만지고 소통하는 데는 상대의 욕구와 감정을 듣고, 헤아리는 노력과 방법이 필요합니다. 작고 사소하지만 이 노력을 꾸준히 시도한다면 부부의 소통 문이 더 크게 열리는 것을 실감하게 될 것입니다.

막연히 알아주길 기다리지 않고
제대로 요구하자

'먼저 나부터 잘하자'라는 것은 '요구'를 위한 중요한 전 단계입니다. 내가 먼저 서야 할 위치에 서 있고, 해야 할 역할을 하고 있다면 필요한 부분도 당당히 요구할 수 있습니다. 부부는 동등하고 존중하는 관계이니까요. 먼저 노력했다고 알아주길 기다리면, 때론 서운한 상황이 생길 수 있습니다. 상대방은 모를 수 있거든요.

'내놔라'가 아닌 부탁이란 이름의 존중

앞서 언급한 맞벌이 부부의 사례를 보면, 남편이 원하는 바를 아내가 충분히 맞춰 주면서 관계가 부드러워졌습니다. 그런 다음에 아내는 남편에게 원하는 바를 이야기했습니다. 말을 지적하고, 비난하듯 하는 게 아니라 부드럽게 부탁의 어조로 말입니다.

어떻게 요구하느냐에 따라 설득이나 타협안이 나오게 됩니다. 상대방에게 무조건 자기 기준으로 역할을 정해서 요구하는 것은 효과적인 방법이 아닙니다. 누구나 통제받고 싶지 않은 욕구가 있기 때문에 강요하게 되면 감정부터 먼저 상하게 됩니다. 상대방의 요구가 합당한 것이라 하더라도 들어주고 싶지 않아 합니다. 그러므로 정중하게 '나의 필요성'을 부탁하는 태도가 좋습니다.

인간관계에는 존중이 항상 전제되어야 합니다. 존중은 함부로 대하지 않는다는 것입니다. '강요'는 '함부로'와 상통하고 있습니다. 부부의 위치가 서로 어떻게 되어 있느냐에 따라 이 '강요'가 당연하게 이루어지기도 합니다. 예를 들어 나이가 어린 배우자에게 부탁보다 강요의 톤으로 요구하는 커플이 많습니다. 부부 사이는 나이로 관계를 규정할 수 없습니다. 부부라는 이름으로 맺어진 관계는 동등하기에 존중이 전제되어야 합니다. 가르치듯 요구해서도 안 되고, 내놔라는 식으로 명령해서도 안 됩니다. 그러니 요구도 '부탁'의 톤으로 말해야 합니다. 거절할 수도 있는 영역이라고 생각하면서 말입니다.

부부 관계에서의 '나 전달법'

기분이 좋을 땐 부부가 서로 대화하기 원활하지만, 기분이 나쁘거나 부정적인 이야기를 제대로 하는 것은 쉽지 않습니다. 기분 나쁜 감정 때문에 괜히 퉁명스럽게 말하고 마음에 없는 말을 해서 상황이 엉뚱하게 흘러갔던 경험들이 있을 것입니다. 우리나라 사람들은 감정을 제대로 표현하는 데는 미숙합니다. 특히 부정적이고 화나고 속상한 감정들은 표현하지 못하고 상대방이 알아줬으면 하는 기대만 합니다. 표현하지 못해 관계가 악화되는 경우를 많이 봅니다. 나의 부정적인 감정을 언어로 표현하는 것은 중요합니다. 중요하지만, 쉽지 않은 작업입니다.

좀 더 수월하게 부정적인 이야기를 서로 나눌 수 있으려면 관계가 부드러워야 가능합니다. 상대의 요구를 들어주면서 상대방의 마음을 사는 것이 필요합니다. 이것은 관계의 기본입니다. 이 전제하에 감정을 덜어내고 상대방에게 필요한 요구만 하는 것이 중요합니다. '나 전달법'은 이러한 상황에도 매우 유용한 방식입니다. 많이 알려진 화법이지만, 부부 관계에 적용이 유용한 방법이어서 다시금 언급하려 합니다. 이것은 자신의 속상하고 화나는 등 다양한 감정을 상대방에게 전하면서 부탁까지 할 수 있는 소통의 방식입니다. 앞서 남편에게 기대는 것이 심했던 진경 씨의 상황에서 나 전달법을 적용해볼까요?

남편은 "여보, 당신이 내가 필요해서 전화하는 것은 알아. 그래도 자꾸 전화를 하니까 동료들에게 눈치도 보이고, 일에 집중이 안 되어 힘들고, 속상해."라는 식으로 말을 시작할 수 있고,

아내는 "당신이 전화를 안 받으면, 갑자기 불안해지고 내가 싫어서

그런가 싶어서 힘들어."라는 말로 나의 느낌을 표현하는 것입니다.

나 전달법은 "상대방의 행동에 대한 표현–나 자신의 느낌을 표현–행동 결과를 표현하는 것"으로 구성되어 있습니다. "나는 당신이 (이러이러한) 행동을 하면 나는 (이러이러한) 감정이 생겨. 혹은 이런 마음이 들어"라고 표현하는 형식입니다. 그 이후 대화가 되면서 내 요구를 자연스럽게 할 수 있겠지요. 이 요구에는 감정을 그냥 들어 주기만 하는 것도 있을 수 있고, 내가 원하는 것을 간결하게 부탁하는 것이 포함될 수도 있습니다.

여기에는 상대방을 비난하는 말이나 지적이 들어가서는 안 됩니다. 상대방의 태도로 인한 나의 감정을 표현하는 것입니다. 즉 내 감정 표현의 언어화인 것이지요. 상대방의 문제를 지적하고자 하는 것이 아니라 나의 방해받은 감정을 표현하는 것이 주된 것입니다. 결국 상대방의 감정을 건드리지 않는다(비난하지 않는다)는 의미입니다. 직접 대면해서 말하는 것이 힘들다면, 휴대폰으로 문자나 톡을 해서 자신의 의사를 전달해도 됩니다.

앞서 말한 반영적 경청과 나 전달법을 쓰는 데 있어, 한 가지 방법에만 치우쳐서 쓰지 않는 것이 중요합니다. 주고받고의 의미로 '상대방의 감정을 읽고, 내 감정을 전달하는' 방향으로 쓰여야 합니다.

알아주기를 기다리지 않기

부부들이 착각하고 있는 것 중 하나는 여러 이유로 싸우고, 기분이 나빴으니, 싸움이나 갈등의 신호는 여러 번 보낸 셈이라 여겨 배우자가 '내가 원하는 것'을 알 거라는 착각입니다. 그래서 자신이 그것을 이야기했다고 생각합니다. 하지만 상대방은 이야기하지 않은 것으로 생각합니다. 부부 갈등 장면에서는 이런 경우가 허다합니다. 정확하게 무엇을 원하는지 상대방이 표현할 때만 캐치가 가능합니다. 배우자가 알아주기를 기다리지 마십시오. 내 입으로 요구를 직접 말하면 왠지 계면쩍어서 어려운가요? 그렇다 해도 말하지 않으면 배우자는 절대 모릅니다. 설사 알더라도 내가 정말 원하는 바와는 다르게 해석해서 알고 있을 가능성이 큽니다. 그러니 기다리지 말고 잘 표현하는 길을 택하는 것이 좋습니다.

절대 상대방을 비난하지 말고, 요구 내용과 거기에 따른 자신의 감정을 포함시켜 말하는 것입니다. 먼저 이야기하는 것에 '자존심이 상한다'고 토로하는데, 자존감이 높은 사람은 먼저 내가 원하는 것을 이야기하는 데 거리낌이 없습니다. 자존심을 운운하다가 '내가 원하는 것을 얻지도 못할 뿐 아니라 오해까지 불러올 수도' 있음을 알아야 합니다.

서로 조금씩 대화의 물꼬가 트였다면, 배우자가 원하는 것을 하나씩 말해서 일정 기간 동안 노력을 해봅니다. 부부 관계는 동등한 관계라고 이야기했습니다. 이것은 서로가 노력을 해야 하는 관계라는 의미입니다. 부모 자녀 관계라면 욕구를 채워 주는 사람, 받는 사람이 정해져 있지만 부부 관계는 그렇지 않습니다. 함께 채워 주고 받는 것에 노력을 기울여야 건강한 부부 관계가 유지됩니다. 서로가 감사하고 배려해 나가야 하는 관계입니다. 누구네 집처럼 내조를 잘하는 아내, 외조를 잘하는 남편으로만 기대하지 말아야 합니다. 서로 상대방이 나한테 잘해주길 기대하는 관계가 아니라 서로의 노력에 감사하고 배려하는 관계입니다. 이런 의미에서 처음엔 막연하게 노력하기보다는 의도적이고 구체적인 노력이 필요합니다. 때론 '당신이 원하는 것 하나를 들어주고 내가 원하는 것 하나를 당신이 들어주는 식'으로 먼저 시작해보십시오. 대화를 하면서 서로 바라는 것들을 구체적으로 요구할 수 있겠지요. 이런 노력을 서로 해보도록 합니다. 시험적이고 의도적일지라도 노력의 변화가 있을 것입니다.

'통제'가 '관심'으로 변하기 위해

처음엔 자신의 이상형에 맞춰 배우자를 골랐는데 결혼생활을 하면서 그 적합한 사람이 가장 부적합한 사람으로 내 곁에 있는 것을 봅니다. 왜 결혼 전에는 저런 사람인지 몰랐을까? 가슴을 치며 물어도 알 길이 만무합니다. 자상하고 따뜻한 남편이라 기대했는데, 책임감 없고 무능하다는 걸 알게 되고, 여장부처럼 대담해 보여 좋았는데 감정적으로 무덤덤한 아내라는 걸 알게 된 것이지요. '내가 선택을 잘못했구나!'라고 생각하는 것은 그나마 나은 깨달음입니다. 내 선택이 잘못되었다기보다 '잘못된 배우자'라고 원망하고 불평하는 경우가 보통이기 때문입니다. 내가 잘못한 것이 아니라, 상대방이 잘못되었다고 여기기 십상입니다. 그래서 비난하고 불평하며 '내 맘에 맞는 사람'이 되라고 요구합니다. 그러나 이제 내 결핍된 욕구로 인해 배우자를 선택하게 되었다는 걸 알았다면 내 욕구만큼 배우자의 욕구도 인정하며 나를 채워달라는 요구를 이제 멈춰야 하지 않을까요?

내 배우자가 맘에 들지 않는 것도, 기분 나쁘지만 내가 선택한 결과입니다. 그렇기 때문에 나의 선택이 썩 좋지 않다면 이것은 나의 문제이지 배우자의 문제가 아닌 것입니다. 그렇기 때문에 상대방에게 내가 기대한 대로 행동하라는 것 자체가 어불성설이지요. 마음에 안 드는 상대방의 행동을 볼 때 우선 '내 탓이오'를 외치는 태도가 필요합니다.

앞서 거듭 말한 것처럼 우리에게는 주도성의 욕구가 있습니다. 어릴 적 이 부분이 제대로 충족되지 못하고 자라다 보니 성인이 된 지금도 '내 맘대로' 욕구 수준으로 머물러 있는 것입니다. 그렇다 보니 배우자에게 바꿀 것을 요구합니다. 당연하다는 듯이 말입니다. 만약 거꾸로 상대방이 나에게 자기가 원하는 대로 움직여 주길 요구한다면 다들 "내버려 둬. 나는 나이고 싶다"라고 할 것입니다. 다시 말해, 내가 싫은 것은 남도 싫은 법입니다.

인간관계에서는 '상대방을 통제하는 않는 관계'가 건강한 관계라고 합니다. 그런데 인간관계가 좀 더 친밀해지고 '사랑'이라는 이름으로 맺어지면 '통제'라는 태도가 '관심'이라는 이름으로 바뀝니다. 이 관심이 결혼이라는 굳건한 관계가 되면서 또다시 '통제'라는 이름으로 느끼게 된다는 것입니다. 사람은 나 자신을 관리하고 통제할 수 있는 권리는 있어도 다른 사람에게 그럴 권리는 절대적으로 없습니다. 그런 맘이 든다는 것은 욕구가 덜 채워졌다는 증거이자, 덜 성숙하다는 증거입니다. 상대방에게 지적하고 잔소리하는 행동들은 이런 행동의 일환들입니다. 좀 더 성숙해지면 사실 남이 아닌 자신을 통제할 수 있는 욕구로 변화하게 됩니다. 부부의 관계도 존중하고 통제하지 않는 관계로 나아가야 합니다.

과연 상대방을 변화시키는 것이 나의 일일까요? 아내의 일이, 남편의 일이 상대방에게 잔소리하고 간섭하는 것이 아니지 않습니까? 간섭을 할 때 나의 내면은 '자신은 옳고 배우자는 틀렸다'란 마음이 됩니다. 이 생각이 강력하면 할수록 상대방에게 '내가 원하는 방향으로 변화하기를' 끊임없이 강력하게 요구하게 됩니다. 그런 마음으로 배우자에게 지시하거나 명령하고 있다면, 그런 어투부터 바꾸어 보도록 합니다. '명령하는 말투는 존중하지 않는 마음이며, 함부로 하고 싶은 마음'에서 비롯됩니다. 때론 상대방에게 관심과 사랑이라는 이름으로 상대방의 모든 것을 관리하지는 않습니까? 관심과 사랑이라는 이름도 상대방의 선택권을 무시하면 이것 역시 통제임을 알아야 합니다.

쉽지 않지만 사실 이러한 것들은 나와 남을 잘 구분하기 시작하면 조금씩 가능해집니다. 부부라는 관계로만 보지 말고, 인간관계의 일환으로 배우자를 바라보세요. 부부 관계는 인간관계의 기본을 바탕으로 합니다. 가장 내밀한 관계가 부부 사이라 해도, 함부로 하거나 무턱대고 이해를 바라서는 안 되는 것입니다. 희한하게도 남에게는 잘하면서 배우자에게는 관계의 기본을 지키지 않는 경우가 많습니다. 가장 잘 지켜야 하는 사이인데 말입니다.

존중이라는 원칙을 지키는 것이 오히려 부부의 거리감을 줄 거라 여기는 커플들도 많습니다. 편한 관계가 더 좋다는 생각에서 말입니다. 이런 생각은 존중이라는 것을 제대로 이해하지 못했기 때문입니다. 많은 사람들이 배우자를 존중하는 행위에 '내가 힘이 없어서 그를 위해줘야 한다'라고 여기는 마음이 내재되어 있습니다. 힘이 없어서 맞춰 주고 존중해주는 것이 아니라 '내가 괜찮은 사람'이기 때문에 존중할 수 있다는 걸 알았으면 합니다.

앞서 언급했듯이 나 자신을 제대로 알게 되면 나를 있는 그대로 수용하게 되고, 그로 인해 내적인 힘이 생깁니다. 힘이 생기면 부부 간에 평등한 관계를 유지할 수 있습니다. 그 경우 상대에게 맞춰 주거나 수용해주는 것에 대한 억울함(?)이 적어집니다. 힘의 논리로 관계를 해석하지 않게 되는 것이지요. 포용력이라는 것은 마음의 그릇이 커졌다는 것을 의미합니다. 이것은 나 자신을 제대로 수용하는 사람에게 주어지는 선물입니다. 나를 제대로 이해하고 수용하는 사람은 타인을 수용하는 것이 수월해집니다. 그렇기 때문에 상대를 향한 통제를 거두고, 원하는 대로 움직여 주기를 기대하지도 않게 되는 것이지요.

부부 관계에서 행복의 균형점을 찾아간다는 것

부부가 결혼하고 부모가 되어 가정생활을 하다 보면, 지속적으로 내면의 갈등이 찾아옵니다. 배우자와의 갈등은 물론이고, '내가 하고 싶은 대로 하는 것'과 가정생활과의 균형을 맞추는 과정에서도 갈등을 느끼는 것입니다. 가족이나 부모, 배우자로서의 역할이 항상 즐겁거나 기쁨을 주는 것은 아닙니다. 행복은 순간이고, 지치는 것이 일상처럼 찾아옵니다. 그때마다 내면에 떠오르는 것은 '내가 하고 싶은 대로 하는 것', '자유', '훌쩍 떠나고 싶은 마음' 등일 것입니다. 가족을 챙기고, 배우자와의 갈등이 부담스러워서 간섭받지 않고 홀로 떠나고 싶은 마음이 든다는 것입니다. 이 심적 혼란과 현실의 갈등을 못 이기면, 우울증을 겪거나 이혼이라는 결말이 따르게 됩니다.

현실에서 힘들다는 느낌이 반복해서 들면, '나의 행복'을 자꾸 생각하게 된다는 것입니다. 나의 행복은 아주 중요한 삶의 이슈입니다. 그러나 결혼해 가족이 생겼다면, 무작정 '내가 하고 싶은 것'에만 초점을 맞추기는 현실적으로 어렵습니다. 가족이나 배우자의 생각을 전혀 고려하지 않고 막무가내로 내가 하고 싶은 것과 내 행복에 초점을 맞춘다면 가족 관계에 균열이 생기게 됩니다. 현실에서는 '외조'나 '내조'의 이름으로 나의 꿈이나 행복을 가족이나 배우자가 지지해주는 것을 포장하기도 하지만, 실제로 배우자는 그만큼 자신의 행복이나 원하는 바를 미루고 살아가야 합니다. 내 행복을 위한 자유의 시간을 갖는 것도 좋습니다. 하지만 이것은 배우자도 마찬가지입니다. 배우자 역시 하고 싶은 것들이 있을 것입니다. 다시 말해, 부부 모두 '자유의 시간'이 필요합니다. 가끔 삶에서 쉬어 가는 쉼의 시간들이 필요하다는 것입니다.

그런 의미에서 부부의 행복에 관해, 또한 개인의 행복에 관해 서로 이야기를 나누고 들어 주는 시간을 마련해야 합니다. 상대방의 욕구가 상황에 맞지 않는다고 비아냥거리지 말고 말입니다. 배려를 받으려는 것이 아닌, 서로 배려해주기 위해 필요한 지점을 찾아봅니다. 이것이 인정된다면 관계는 좀 더 끈끈해질 것입니다.

그리고 내 행복을 생각할 때 가족의 상황을 고려하고, 현재 내가 하고 있는 역할과 어느 정도 상충되는지를 살펴보는 것이 지혜로운 태도입니다. 심지어 그것이 '나의 꿈'일지라도 말입니다. 왜 배우자가 나의 꿈을 밀어주지 못하냐는 불만이 생기면, 이것 역시 앞에서 살펴본 것처럼 (배우자를 부모처럼 여겨) 어리광을 피우는 태도라는 것을 명심하십시오. 성숙한 어른은 내 꿈을 가족의 희생 위에 세우지 않습니다. 부부 관계를 위해, 가족 관계를 위해 행복의 균형점을 찾아 시기를 조절하고 내 욕구를 조절하는 것이 필요하다는 것입니다.

생을 함께 걸어가는 부부에게는 감동이 필요하다

부부는 긴 인생을 함께 걸어가는 동반자입니다. 생에는 기쁨도 있지만 지치고 힘든 순간도 무척 많습니다. 현실 세계는 매우 빠르게 변하고, 나이가 들수록 사회는 각박하게 느껴지기 쉽습니다. 이러한 사회를 살아가는 부부에게는 갈등을 현명하게 해결하는 지혜만큼이나 필요한 것이 있습니다. 바로 '감동'입니다.

사회적 동물인 인간에게 정서적인 지지는 매우 큰 힘이 됩니다. 그것도 가장 가깝고 내밀한 사이인 배우자에게 받는 지지와 감동이라면 더 위력적일 것입니다. 지금껏 한번이라도 배우자를 감동시켜 주기 위해 고민하고 노력해본 적이 있나요? 배우자를 이기고, 설득하려고 한 순간만큼 배우자를 감동시켜 주려고 한 순간들이 있는지요. 현대 사회의 드라이함을 견뎌내는 데는 마음이 제일 따뜻하다고 느끼는 곳, 가족에게서 주는 정서적 지지가 가장 큰 역할을 합니다. 그중 배우자의 지지는 더욱 큰 울림을 줍니다.

배우자를 감동시키려면 우선 배우자가 어떤 것을 좋아하고 행복해 하는지를 찾아야 합니다. 어쩌면 배우자에게 '이상적인 부모상'으로 접근하는 것이 필요할지 모릅니다. 이상적인 부모상이라는 것 자체가 나에게 어떤 것을 원하는지 잘 찾아보는 것과 같습니다. 이것을 키워드 삼아 채워 나가는 것이 좋습니다.

배우자의 행복 포인트는 어디일까요? 우리는 나의 행복 포인트는 남이 알아주길 바라지만, 배우자의 행복 포인트를 알려는 데는 애를 쓰지 않습니다. 때로는 얄미워서 알아도 해주고 싶어 하지 않지요. 하지만 배우자를 감동시켜 주고자 하는 마음으로 살펴본다면, 이전과는 다른 장면들이 보이게 될 것입니다. 배우자는 당신에게 어떤 말을 듣고 싶어 하고, 어떤 경험을 하고 싶어 하나요? 어떤 공감을 받기를 원하나요? 마치 연애의 감정을 떠올려 보세요. 사랑의 감정으로 두근거렸을 때 상대방을 위해 해주고 싶은 마음이 충만했을 때 말입니다. 부부의 삶에도 그 감동의 순간이 자주 찾아오길 바랍니다. 행복은 크기가 아니라 빈도라고 했습니다. 부부의 일상에 행복의 감정, 감동이 소소하더라도 자주 찾아오게 된다면, 갈등 역시 현명하게 풀어지고, 관계는 탄탄하게 유지될 것입니다.

부부가 함께
잘 나이 들어간다는 것

인간은 세월을 절대 비껴갈 수 없지만, 세월이 심리적인 연륜으로 쌓이게 된다면 그 또한 멋진 일일 것입니다. 그런데 현실에서는 부모 세대의 사람들이 이따금 성숙하지 못한 모습을 보여 세월이 곧 성숙한 연륜이 되지 않는다는 것을 보기도 합니다. 부모 세대를 원망하거나 미안해하기도 하면서 또 하나의 바람이 생겨납니다. '나는 더 멋지게 늙어가고 싶다는 마음'입니다. 세월이 고스란히 심리적인 연륜으로 쌓인다면 얼마나 좋을까요? 잘 늙고 싶다고 고민한다고 되는 것도 아니고, 뭔가 결심한다고 해서 되는 것도 아닙니다. 그래서 더욱 어려운 일이기도 합니다.

앞서 언급했던 것처럼, 우리는 과거의 연장선에서 현재를 살고, 현재의 삶이 미래를 만듭니다. 그래서 노년을 위해 과거를 보고, 현재를 정리하고 미래를 향해 나아가야 합니다. 결혼을 하면서 우리는 부부로 살고, 또 부모로 살게 되며 그 과정에서 우리 인격의 부족한 것이 무엇인지를 더욱 생생하게 알게 됩니다. 그 부족함을 알게 되는 것이 또 하나의 축복이 되기도 합니다. 서로 부대끼면서도 함께 앞으로 나아가게 되기 때문입니다.

나이가 들면서 부부의 관계는 더 의미가 깊어집니다. 생의 과업을 하나씩 이루어나가는 그 성취 경험이 관계의 깊은 신뢰를 만들어 주게 됩니다. 가족과 부부 관계를 잘 이해하고 고민한다면, 우리의 인격은 점점 성숙해질 수 있고, 내 옆에 있는 이 사람과 그 어려운 '잘 늙어 가는 것'도 이룰 수 있게 되니까요.

나이가 들어가면서 앞서 살펴본 '의존 욕구와 주도성의 욕구'는 더욱 극명하게 나타납니다. 나이가 들면서 나를 움직이는 욕구는 무엇이고 이것을 혹시나 나의 자녀를 통해 얻으려고 하는지 살펴보세요. 자식을 통해 심리적, 경제적 안정감을 얻으려 하고, 점점 자라고 떠나가는 자녀를 보면서 뿌듯함보다 서운함과 허전함이 커진다면 결핍된 의존 욕구의 영향입니다. 젊은 시절에는 나름의 포장 기술로 이 의존 욕구와 주도성의 욕구를 포장해두어서 덜 나타났습니다. 나이가 들면 근력이 떨어지듯이, 욕구를 감싸는 포장의 기술도 점점 떨어지게 되지요. 그러면서 점점 내 욕구에만 집중하게 되고, 주변 사람들의 마음이나 감정에는 크게 신경 쓰지 않게 됩니다. 내가 좋은 의도를 가지고 있으면 무조건 '내가 잘하고 있다'고 착각할 수도 있습니다. 이기적으로 되어 간다는 것입니다. 말이 이기적이지 남들이 보기에는 고약한 노인네가 될 수도 있습니다. 욕구의 그릇들은 드러나 있다 보니 자식들이 '내가 원하는 만큼 날 챙기지 않아' 서운할 일들이 많아지게 되고 감정 표현도 서슴치 않고 하게 됩니다.

자녀들로부터 독립하는 것

나이가 들면, 나의 모든 일거수일투족과 감정들을 배우자와 자녀들이 감당해주길 기대하기 쉽습니다. 그러나 내 욕구는 내 책임하에 있습니다. 다른 사람이 책임져주길 기대하면 서운함과 화가 생기기 때문에 아예 기대하지 않는 편이 좋습니다. <u>독립은 이 '기대하지 않는 자세'에서부터 시작됩니다.</u> 독립은 자녀도 해야 하지만, 부모도 해야 하는 과제입니다. 그전에 가족을 챙기느라 썼던 에너지를 이제 부부 관계에 집중하고, 자신에게 집중하는 데 써야 합니다. 성인이 된 자녀들의 취직 걱정과 미래를 함께 불안해하지만, 그것은 지금 부모의 몫이 아닙니다. 자녀들의 몫인 것이지요.

빈둥지 증후군을 아시나요? 내 품의 자식이 떠나는 시기가 오면 허전함과 외로움, 허탈감이 물밀듯이 밀려오는 심리적 상태를 말합니다. '절대로 보상이나 기대를 하지 않는다면서' 부모 역할을 했지만, 자녀들이 떠나가고 나면, 내 맘 깊은 곳에 해결되지 못한 의존의 욕구가 드러나서 자신도 어쩌지 못한 상황이 됩니다. 에너지를 오롯이 가족에게 쏟기만 하면, 아이들이 떠날 시기에 껍데기만 남은 느낌이 들 수밖에 없습니다. 그런데 단순히 에너지를 쏟았기 때문에 느끼는 감정이라기보다 이것은 자신의 내면 욕구를 제대로 돌아보지 않고 쏟기만 했기 때문이기도 하지요. 우리도 잘 자라 준 자녀를 기뻐할 순 없을까요? 그러지 못하는 이유는 부부가 부모라는 이름으로 살면서 존재감을 느꼈는데, 그 역할이 줄자 자신의 존재감이 줄어든 것처럼 느껴지기 때문일 것입니다.

이럴 때 성인 자녀들이 자신을 챙겨 준다면 존재감도 느끼고 의존 욕구도 어느 정도 해소되는 듯합니다. 그것이 자녀에게서 독립하지 못한 자신의 모습이라는 것을 모른 채 말입니다. 빈둥지 증후군은 부모라는 역할이 곧 정체성이었던 사람이 그 역할이 없어지면서 정체성도 없어져서 생깁니다. 그렇다 하더라도 보완 장치인 부부 관계가 든든하다면 잠시 흔들리다 말 터인데, 부부 관계라는 허울 좋은 이름만 있고 부부 관계에 에너지를 지속적으로 공급하지 않았던 부부에게 찾아오는 증상인 것입니다.

부모의 모습에서 반면교사로 삼기

나이가 들다 보면, 나이가 벼슬이라도 된 것처럼, 나의 모든 일거수일투족과 감정들을 배우자나 자식들이 감당해주길 기대합니다. 그리고 내 안의 욕구 때문에 생긴 감정들을 배우자가 혹은 자식들이 잘 돌봐주지 않아서 생겼다며 그 탓으로 돌립니다. 혹시 나이 들어 보였던 자신의 부모 모습을 기억하십니까? 나이가 들어갈수록 자식들의 말을 잘 듣지 않고, 고집불통인 모습들을 보이셨다면, 이 모습은 주도성 욕구의 뼈대(내 맘대로 하고 싶은)만 남아 있다는 표식입니다. 자녀들은 이 모습이 견딜 수 없어서 부모에게 잔소리하고 비난합니다. 그런데 이 모습은 나의 늙었을 때 모습일 가능성이 있습니다.

내가 그와 같은 모습으로 늙어가기 싫다면, 부모의 모습에서 주도성의 욕구를 찾아보십시오. '우리 부모에게도 이런 모습이 있구나'라는 것을 인정할 수 있다면, 나의 욕구도 인정하기 쉬워집니다. 부모를 잔소리로 바꿀 수 없으니, 그냥 두십시오. 토를 달지 말고 "네. 그렇군요"라는 자세를 취해보십시오. 토를 단다는 것은 부모를 바꿔 보겠다는 마음입니다. 바뀌지 않으니까 화가 나는 것이구요. 노년의 부모와 내가 똑같이 '내 맘대로 욕구'를 드러내는 태도입니다. 이제 부모와 나를 구분해보십시오. 그리고 부모의 모습에서 어릴 때 모습을 발견해보세요. '뭐든 내 맘대로 하려는 아이들의 모습'을 말입니다. 그 전에 눌렸던 욕구들이 나이가 들면서 나오는 것일 뿐입니다. 이것을 있는 그대로 받아들이면, 부모와의 관계도 편해질 뿐 아니라, 나 자신의 모습을 제대로 볼 수 있게 됩니다.

이와 같은 맥락에서 노년의 부모 모습에서 싫었던 것 중 하나가 '가르치려 하는 것'일 것입니다. 우리가 나이 들어가면서 착각하기 쉬운 것 중 하나가 '나이 들었기 때문에, 내가 경험해보니 다른 사람에게 훈계할 자격이 주어졌다'고 생각하는 것입니다. 자격은 내가 가지는 것이 아니라 들을 귀가 있는 사람이 주는 것입니다. 나이가 들면 점점 외로울 수 있습니다. 누군가 내 곁에 와주길 기대하기 전에 나의 행동이 다른 사람들을 떠나가게 할 수 있다는 것을 아는 것이 필요합니다. 나의 삶이 존경의 삶을 살았다면 나의 훈계를 들으러 올 것입니다. 하지만, 대부분의 사람들은 평범한 삶을 살아갑니다. 그래서 입을 열기보다 귀를 여는 것이 중요합니다. 내가 뭔가를 주겠다고 하면 잔소리처럼 여길 수 있습니다. 말수를 줄이고 배우자나 자녀들의 말에 귀를 기울이십시오. 만약 말을 하고 싶다면, 훈계나 가르치기보다 내 경험이나 느낌, 감정들을 표현하는 것이 지혜로운 방법입니다. 그것은 지금부터 시작해보세요.

부부 관계의 재정립에 대해

이 시기 부부는 관계의 재정립이 필요합니다. 자녀들과의 독립은 정서적으로는 사실상 마무리되어 있어야 합니다. 그러면서 부부 간에는 이 세상에서 가장 친한 친구와 같은 관계가 되어야 합니다. 친구끼리는 서로 기대고 챙겨 주기도 하지만, 서로 통제하고 간섭하거나 자기 맘대로 하지는 않습니다. 공통 분모를 만들고 각자 독립된 영역을 인정해주는 연습이 필요합니다. 혼자서 잘 살아갈 수 있는 사람이 같이 제대로 살아갈 수 있다는 것입니다. 이 역시 욕구들이 정리되어야 가능하답니다.

나이가 들어가면 배우자와 함께할 시간이 많아집니다. 그런데 배우자끼리 서로 맘이 다를 수 있습니다. 같이 하는 시간이 지겨워서 바깥으로 도는 사람이 있는가 하면, 24시간 배우자와 같이 하길 원하는 사람이 있습니다. 서로 같이할 수 있는 공통 영역과 시간을 합의하고, 나를 위한 충족의 시간을 찾으십시오. 쉽게는 취미생활, 운동부터 독서, 종교활동 등 독립된 존재로 시간을 쓰는 것에 익숙해지고 즐겨 보세요.

감사하기

욕구의 결핍은 불평, 화, 짜증, 서운함을 불러옵니다. 불평하며 부정적인 감정을 표현하면 주변 사람들이 불편해하지요. 이런 자세는 나를 고립시키는 결과를 낳습니다. 그로 인해 자기 스스로에 대해 만족하지 못하게 되지요. 내 욕구를 알고, 상대방의 욕구를 이해하면 감정적인 정리가 가능합니다. 그러면서 감사하기가 쉬워집니다. 즉 <u>자신의 욕구, 상황과 타인을 제대로 알 수 있는 사람만이 감사를 잘할 수 있다는 것입니다.</u> 앞서 이야기한 무수한 갈등 상황에서 이를 매번 내 욕구와 연결시켜서 객관화시켜 본다면, 이 시기의 큰 결실을 맺습니다. 감사가 많은 사람은 잘 늙어간다는 증거이기도 합니다. 배우자에게 감사해 보십시오. 아주 사소한 것부터 말입니다. 일상생활에 대해 감사가 있는 것이 좋습니다. 조그마한 도움에도 감사를 표현해보세요. 눈에 보이는 따뜻한 변화가 일상의 마법처럼 나타날 것입니다.

유언장에 대하여

우리의 생명은 유한하고 언제 떠날지는 아무도 모르기 때문에 매일의 삶에 충실하고, 매일의 삶이 준비하는 삶이 되어야 하기도 합니다. 죽음을 잘 받아들일 수 있다는 것은 잘 늙어가고 있다는 증거입니다. 나의 삶을 한 번씩 정리해보는 의미에서 유언장을 기록해보는 것은 현재의 삶에 더 강한 애정을 담게 합니다. 어떤 감정과 욕구로 살았고, 어떤 생각으로 자식을 키웠고, 배우자에 대한 감정과 결혼생활에 대해 기록해보세요. 1년마다 주기적으로 기록해보는 것도 좋습니다. 달라진 기록을 보며, 부부 관계를 더욱 이해하고, 감사할 내용이 많아지는 긍정적인 효과가 있습니다. 죽음 앞에서 누구나 다 진지하게 생을 바라볼 수 있습니다. 그 생에 함께해주는 배우자의 존재에 더욱 감사하게 될 것입니다. 뿐만 아니라 세월의 흐름을 자연스럽게 받아들이는 성숙한 자세도 생길 것입니다.

어른이 되고 나이가 들어 성숙해질 수 있다면, 그만큼 의미 있게 살아왔다고 자부할 수 있을 것입니다. 어린아이처럼 굴고, 욕심스럽게 굴고, 고집스러워지는 것은 나이 먹은 결과가 아닙니다. 세월을 제대로 즐기고 자신과 타인에 대해 열린 자세를 가진다면 성숙해질 것입니다. 나이 들어가는 것에 슬프고 속상해하지 않고 매 시간을 감사할 수 있는 사람, 성숙한 부부가 되어 가는 것에 행복을 느낄 것입니다. 이런 삶을 사는 부부의 모습은 참으로 아름답습니다. 이것은 거저 얻어지는 결과가 아니며 서로가 노력하여 얻어진 열매입니다. 서로에게 의미가 되어 주고, 사랑보다 깊은 믿음으로 부부가 두 손을 맞잡고 있게 되기를 간절히 바랍니다.

실패한 부부 관계란 없다

결혼하고 내 가족을 만드는 것은 행복한 일일 것 같지만, 막상 현실은 기대하던 행복과는 거리가 멉니다. 뒤늦게 '왜 결혼을 해서 이 고생이지'라는 푸념을 하게 되죠. 훗날 자식에게 많은 부모들이 행복하지 못한 자신의 경험을 바탕으로 '무뚝뚝한 남자는 만나지 마라' '싹싹한 여자 만나라' '너무 가난하게(혹은 부유하게) 자란 사람은 안 된다' 식의 이야기를 하면서 배우자에 대한 다양한 조언을 해줍니다. 그런데 사실 결혼생활이 행복하지 못했던 이유는 상대방에서만 찾을 문제는 아니었습니다. 앞서 살펴본 것처럼 '어떤 사람이 좋을까요?'란 질문이 아니라 '나는 어떤 배우자를 만나고 싶고, 결혼으로 어떤 부분을 채우고 싶은가?'란 질문이 훨씬 더 중요했던 것이지요. 결혼 자체에 내 행복이 달려 있다기보다는 내 욕구와 결혼이 어떻게 상호 작용하는지에 따라 달려 있기 때문입니다. 이제는 부부가 왜 갈등을 하며, 싸우게 되는지를 그저 성격 차이나 잘못 선택한 결과로만 생각하지 말았으면 합니다.

그런데 이미 갈등의 골은 너무 깊어 관계가 깨졌을 수도 있고, 어떻게 해볼 수 없는 상태가 되어 버린 부부도 있을 것입니다. 결혼생활에 실패했다는 것으로, 내 인생의 모양새가 창피하다 느껴지고 인생에서 실패한 것 같아 자책감에 시달리기도 합니다. 전과 다르게 잘 살아 보겠다고 새로 시작했지만, 이것마저 녹록치 않습니다. 그렇다면, 지금 이 시점에서 나의 부부생활은 정말 실패한 것일까요? 난 어쩔 수 없이 이렇게 살아야만 하는 운명인가요?

현상적으로, 부부 관계가 깨졌다는 것을 꼭 실패로만 보지 않았으면 합니다. 결혼생활이 나의 행복을 저해하고, 나의 생존(폭력으로 인해)과 존재감(지나친 모멸감을 주는 비난으로 인해)에 위협을 주어 이혼을 결정했다면, 이것은 실패가 아니라 용기이기도 합니다. 무조건 참고 유지하는 것만이 방법은 아니기 때문입니다. 많은 부부들이 고민을 거듭하며 부부 관계를 재고합니다. 각자 나름대로 책임감 있는 행동을 하려는 고민들 속에 우울감을 느끼며 살아갑니다. 하지만 진정한 부부 관계의 성공은 깨지지 않는 것이 아니라, '왜 그럴 수밖에 없었는지'를 잘 파악하고 앞으로의 행보에 참조할 수 있는 것입니다.

이러한 고민들이 앞으로 남은 인생에 도움이 되려면, 지혜로운 고민이 되도록 만들어야 합니다. 모든 사람들은 과거의 경험 위에 현재를 삽니다. 우리의 과거는 어찌할 수 없지만, 과거를 잘 알고 이해하고 수용하면, 현재를 바꿀 수는 있습니다. 과거의 경험이 추억처럼 아름다운 것이 아니라 해도, 버릴 수 없다면 이것을 미래를 위한 발판으로 삼을 수 있을 것입니다. 부부 관계가 성공한다는 것은 아픔이 없다는 것이 아닙니다. 실수가 없다는 것이 아닙니다. 그 자리에 머물러 있지 않고, 앞으로 나아가려 하는 몸부림이 만들어 내는 것이 성공일 것입니다.

부부 관계를 원만하게 이끌고, 함께 행복하게 나이 들어가고 싶다면 단순히 갈등이 없는 것을 추구하는 것은 도움되지 않습니다. 갈등이 없는 관계는 누군가 참고 회피하기 때문에 가능한 것이라 성숙으로 나아가기 쉽지 않습니다. 갈등은 나를 알 수 있는 가장 좋은 기회이기 때문입니다. 갈등이 우리 부부 관계와 나 자신을 성장시킬 수 있습니다. 단, 갈등을 일으키는 자신의 욕구를 제대로 볼 수 있다면 말입니다.

부부 갈등이라는 그릇 안에는 각자 주어진 역할(부부 역할)이 아닌 부적절한 역할(부모-자식 역할)이 들어 있고, 이 역할 내면에는 '욕구'가 자리 잡고 있습니다. 결국 부부 갈등이란 성격 차이나 상대방에 대한 불만으로만 이루어진 것이 아닌 좀 더 근원적인 것이 있다는 것을 알아야 합니다. 엮인 갈등의 고리를 아는 순간, 성숙한 부부 역할을 할 수 있게 될 뿐 아니라 문제 해결에 큰 도움이 되고, 갈등으로 인해 자책하던 이에게는 부담에서 벗어날 수 있게끔 도와줄 것입니다. 결혼생활을 만들어가는 구성원으로 나 자신을 재조명해본다면, 새로운 시각으로 우리의 삶 역시 볼 수 있게 될 것입니다.